U0624379

价格支持政策对中国粮食价格形成的多路径影响研究

刘 婷 著

中国农业出版社

北 京

图书在版编目（CIP）数据

价格支持政策对中国粮食价格形成的多路径影响研究 /
刘婷著. -- 北京 ：中国农业出版社，2024. 12.
ISBN 978-7-109-32700-9

Ⅰ. F762.1

中国国家版本馆 CIP 数据核字第 2024N70W95 号

中国农业出版社出版

地址：北京市朝阳区麦子店街 18 号楼
邮编：100125
责任编辑：闫保荣　　　文字编辑：刘晓婧
版式设计：小荷博睿　责任校对：吴丽婷
印刷：北京中兴印刷有限公司
版次：2024 年 12 月第 1 版
印次：2024 年 12 月北京第 1 次印刷
发行：新华书店北京发行所
开本：700mm×1000mm　1/16
印张：10.75
字数：155 千字
定价：68.00 元

版权所有 · 侵权必究

凡购买本社图书，如有印装质量问题，我社负责调换。

服务电话：010 - 59195115　010 - 59194918

本书获

国家社会科学基金重点项目（20AZD116）

国家社会科学基金青年项目（24CJY103）

江苏省社会科学基金青年项目（21GLC007）

江苏高校哲学社会科学一般项目（2021SJA0273）

现代粮食流通与安全协同创新中心

南京财经大学粮食安全与战略研究中心

江苏粮食安全治理研究基地

江苏高校优势学科

资助

序

民以食为天。从古至今，粮食就是国家的根基，什么时候缺了粮食，什么时候国家的稳定和发展就无从谈起。面向未来，粮食安全也将永恒地直接关系到人民的温饱、社会的稳定和经济的发展。新中国成立以来，党和国家就高度重视粮食问题，始终将粮食安全作为头等大事来抓；改革开放以来，在建立和完善联产承包责任制的基础上，不断改革和优化粮食收储制度、粮食价格政策、粮食补贴政策；党的十八大以来，坚持把"三农"工作作为重中之重，持续实施"藏粮于地、藏粮于技"等一系列重大战略，持续推进强农惠农富农政策落地，有力促进了我国粮食生产发展，2024年粮食总产量首次突破1.4万亿斤，不仅进一步夯实了国家粮食安全根基，也为维护世界粮食安全作出了积极贡献。

粮价乃百价之基。但随着工业化、城镇化、国际化进程的不断推进，粮食生产、流通和贸易受到了来自国内和国际的多重挑战，粮食价格也始终未离开众人关注的焦点。从国内看，粮食生产比较利益低、机会成本高，土地、资本和劳动力等生产要素的投入受到极大制约，为了调动农民产粮和产区抓粮的积极性，客观上需要增加粮食补贴和提高粮价；从国际看，全球粮食产能持续增长导致粮食价格相对低廉，贸易规则和市场驱动均使粮食进口承受巨大压力，又需面对减少粮食补贴和提升国内粮食价格国际竞争力的现实。这就需要政府、产业和学术界对我国现行粮食价格支持政策，特别是以最低收购价和临时收储为核心的价格保障机制进行重新审视和进一步完善。2024 年 7 月召开的党的二十届三中全会明确提出"推动粮食等重要农产品价格保持在合理水平"，不仅彰显了党中央对粮食安全问题的高度重视，也凸显了当前研究粮食价格支持政策影响路径与机制的紧迫性和重要性。

在此背景下，《价格支持政策对中国粮食价格形成的多路径影响研究》一书出版发行，可谓选题精准、正当其时。本书综合运用微观经济学理论和计量分析方法，深入剖析了价格支持政策对粮食价格形成的多维度影响路径，揭示了政策干预下粮食市场的复杂运行机理。作者不仅关注了政策对粮食价格水平的直接影响，还深入探讨了其对粮食市场结构、粮食生产者行为、粮食产业链整合以及粮食国际贸易等方面的间接效应。研究成果不仅对深化粮食价格支持政策的认识、完善粮食价格体系具有重要的理论价值，而且为政策制定提供了有价值的依据和参考。在百年未有之大变局背景下，如何用好"两只手"，在保障国家粮食安全的同时，充分发挥市场机制作用，推动粮食等重要农产品价格保持在合理水平，促进粮食产业高质量发展，是摆在面前的一项紧迫任务。本书无疑为我们提供了宝贵的思路与启示。

希望本书能够激发更多专家学者对于粮食价格支持政策的持续深入研究，为完善科学合理的粮食价格形成机制积累更加丰富的学术成果。

秦 富

中国农业科学院农业经济与发展研究所教授

2024 年 12 月于北京

21世纪初以来，为了矫正"以农补工"战略下资源配置对粮食生产的不利影响，政府密集出台了一系列强农惠农的保护政策，其中以最低收购价和临时收储为主的粮食价格支持政策尤为突出且占据极为重要的地位，成为确保国家粮食安全的关键举措。作为粮食市场资源配置的核心信号，粮食价格无论是对粮食供求关系的调整，还是对粮食产业的转型升级都具有极其重要的导向作用。大量研究表明，价格支持政策对粮食市场定价机制存在干扰和扭曲作用，但缺少对干扰路径与扭曲机制的全面、系统性分析，而探寻粮食市场价格成因及政策影响路径，对于健全粮食价格体系、完善粮食价格支持政策具有重要的理论和现实意义。

　　回顾过去20年粮食价格支持政策的执行情况，我们既可以看到其在关键时刻发挥稳价保供的积极作用，也可以看到其导致的国内外粮食品种比价、粮食产业链上下游产品比价和国内粮食品种间比价的多重扭曲，以及政策支持品种产量、库存量和进口量"三量齐增"的市场困境。由此引出的一系列问题包括：粮食市场价格形成的影响因素是什么？价格支持政策对粮食市场价格的影响路径是什么？在供给侧结构性改革背景下，价格支持政策的调整方向是什么？这些问题是粮食收储制度改革领域的热点和难点问题，值得总结和探究。

根据相关经济学理论，粮食市场价格以生产成本为基础，受市场供求关系影响。随着农产品期货市场的发展和对外开放程度的加深，期货价格及国际粮食价格逐渐成为影响我国粮食价格形成的主要市场化力量。据此，本书分别从粮食供给、生产成本、期货价格引导及国际价格传递4个方面，从理论和实证角度对政策干预粮食市场价格形成的多重影响路径进行分析和考察。结果发现，首先，粮食政策收购价格是农户生产决策的主要依据，稳定的价格预期将刺激农户扩大生产，进而增加粮食市场供给，影响市场均衡价格水平。其次，政策收购价格的启动提高农户种粮边际收益，刺激生产的同时扩大要素投入需求，拉升投入要素价格，增加种粮边际成本，生产成本是粮食价格定价依据，最终形成生产成本与粮食价格互相助推的螺旋式上升的循环。再次，粮食播种前公布的政策价格使农户形成价格依赖，期货价格预期难以发挥引导农户生产决策的作用。最后，在政府大量收购市场过剩粮食的情况下，国内外粮食价格难以通过进口渠道实现良性互动，国际市场的价格信息和供求信息将被屏蔽。综上所述，粮食价格支持政策的短期实施具有稳价保供的积极影响，长期启动将从4种不同路径扭曲粮食市场价格，导致市场供需机制紊乱、政策运行低效。

本书以价值规律、供求规律、竞争规律等为基础，通过构建理论和计量模型开展价格支持政策干预下粮食市场价格形成的应用化、定量化研究，突出政府与市场互动、国内与国际比较，对改进和完善粮食市场调控、深化粮食价格形成机制改革提供了具有可操作性的建议，主要包括：建立新型粮食安全观指导粮食价格支持政策改革；打破政策支持价格参照生产成本的动态调整机制；以国内外粮食价格差率作为价格改革的参照指标，理顺国内外粮食比价关系；国内价格支持政策的制定需兼顾粮食贸易边境措施的配合；重视期货市场的价格发现功能和信息传递功能，择机推广"保险＋期货"模式的粮食生产者补贴制度等。

刘　婷

2024 年 4 月

目录

序
前言

第1章 导论

导　　论

1.1　研究背景与研究意义

1.1.1　研究背景

中国粮食流通体制经历了数轮改革，其核心都是粮食价格问题。作为粮食生产和消费的大国，中国粮食市场价格波动牵涉众多主体的切身利益，价格过低则"谷贱伤农"，价格过高则"米贵伤民"，因此粮食价格成为影响农民增收和消费者生活成本的两难问题。这既涉及生产者和消费者的福利问题，也不可避免地成为保障社会稳定的全局性、长期性、战略性问题。

鉴于粮食价格对保障粮食安全的重要意义，中央 1 号文件中多次提及粮食价格政策。2008 年、2009 年中央 1 号文件着重提出要保持农产品价格合理水平，加强政府调控，努力避免农产品价格下行，保障农业经营收入稳定增长的要求。2013 年中央 1 号文件最后一次强调提价以保障农户收益，提出按照生产成本加合理利润的原则，继续提高小麦、稻谷最低收购价的主张。然而，2014 年、2015 年中央 1 号文件中开始提出完善粮食等重要农产品价格形成机制，坚持市场定价原则，探索推进农产品价格形成机制与政府补贴脱钩的改革新方向。2016 年中央 1 号文件在坚持粮食等农产品价格市场化形成机制的基础上，进一步提出按照市场化收购加补贴的原则，深入推进玉米收储制度改革。2017 年中央 1 号文件提出合理调整最低收购价格水平，形成合理比价关系的新要求。2018—2021 年中央 1 号文件反复强调深化农产品价格形成机制改革，调整完善稻谷、小麦最低收购价政策。总体来看，中央 1 号文件对我国粮食价格问题的主张逐步经历了"避免价格下行—提高收购价格—坚持市场定价—改革玉米临储—下调最低收购价格"的五个阶段。那么，中国粮食价格支持政策为何会经历上述变化？相应地，粮食市场又出现了什么问题呢？

21 世纪初以来，为了矫正"以农补工"战略下资源配置对粮食生产的不利影响，政府密集出台了一系列强农惠农的保护政策，其中以"托市收购"为主的价格支持政策尤为突出且占据极为重要的地位，主要包括 2004 年和 2006 年先后启动的稻谷和小麦最低收购价政策，以及 2008 年启动的玉米临时收储政策，此后政府连续 7 年轮番提高稻谷和小麦的最低收购价格。政策定价逐渐成为粮食价格形成机制的核心（黄季焜，2018），国内粮食市场价格逐年上升，国内外粮食价格倒挂问题严重（图 1.1）。在此背景下，国内市场同时出现粮食产量"十二连增"（2004—2015 年）、粮食进口数量大规模扩大和粮食储备总量不断攀升共存的矛盾现象，"洋粮入市，国粮入库"给政府带来较严重的财政负担和储备压力（叶兴庆，2017a）。根据价格理论，市场运行过程中，当商品需求量等于供给量、需求价格等于供给价格时，商品市场处于相对稳定的均衡状态，此时市场价

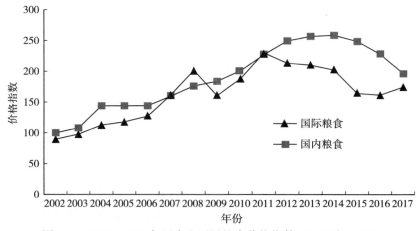

图 1.1　2002—2017 年国内和国际粮食价格指数（2002 年＝100）

格为均衡价格、市场交易数量为均衡数量。当前粮食市场出现的产量、进口量和库存量"三量齐增"问题，充分说明粮食供给已经处于严重过剩状态，价格信号和供求信号均被扭曲，这给我国粮食市场价格体系及价格支持政策体系带来巨大挑战。严峻的市场形势，引发的一个重要问题是：粮食市场价格如何形成？影响粮食形成的因素有哪些？当前粮食价格形成机制存在的主要问题是什么？

粮食价格形成于粮食市场，粮食市场体系的构成决定粮食价格的成因。我国粮食市场体系的发展与粮食流通管理体制改革相吻合，随着粮食资源配置方式经历完全计划配置、计划配置与市场调节相结合，再到以市场调节为主的几个阶段，粮食市场也逐渐走过恢复发展、较快发展和市场体系初步形成等主要阶段（李光泗，2015）。农产品集贸市场恢复和发展是在党的十一届三中全会过后，此时农民可以自主出售多余农产品，国家计划购销与集贸市场粮食自由贸易共存。与此同时，粮食批发市场也有了初步发展[①]。集贸市场和批发市场的恢复和发展，为粮食价格由供求决定的形成机制打下现实基础。粮食市场体系发展较快阶段是以郑州粮食批发市场的成立为标志[②]。随着改革的推进，1993 年，郑州商品交易所的建立代表着粮食市场的高级交易形式——期货交易方式出现，这标志着涵盖集贸、批发和期货交易的粮食市场体系基本框架结构形成。粮食市场价格将由现货市场供求和期货市场引导共同决定。粮食市场体系逐步形成阶段是从 2004 年粮食市场全面开放后至今，一方面，国内粮食主体政策支持力度不断加大，粮食市场快速发展。另一方面，2001 年 12 月中国正式加入世界贸易组织（World Trade Organization，WTO），我国粮食市场贸易也随之开放，根据 WTO 协议，我国在多边贸易框架内对粮食贸易做出一系

[①] 1988 年国务院《关于加强粮食管理稳定粮食市场的决定》中明确"逐步建立粮食批发市场，有秩序地组织市场调节"，以及"要建立在国家领导下的小麦、玉米、大豆批发市场，组织产销直接见面。省际调剂必须进场成交，价格由供求双方议定"。该指导意见为粮食价格由市场供求决定的形成机制打下基础。

[②] 1990 年国务院正式批准成立郑州粮食批发市场，从事大宗粮食的规范性交易，这种较高形式的交易方式的出现，标志着我国粮食市场建设进入新的发展阶段。

列承诺，包括：粮食出口方面，不实行出口补贴；粮食进口方面，对大米、小麦、玉米 3 种主要粮食品种实行关税配额管理制度，配额内低关税，配额外高关税，并规定配额数量和配额内外关税水平；对大豆、大麦等农产品实行自由贸易政策，只征收 3% 的进口关税。随着粮食贸易的开放，国内外粮食市场的价格信息和供求信息将互相传递并实现共享，国际粮食市场供求及价格逐渐成为影响国内粮食价格形成的重要因素。至此，在国际化、市场化条件下，我国粮食市场以集贸市场、批发市场、期货市场和国际市场等多层次市场结构、多种交易方式构成的粮食市场体系初步形成。在各市场的共同作用下，粮食市场均衡价格形成。因此，分析中国粮食价格形成机制就需要清楚认识粮食市场体系各部分对粮食价格形成的作用方式与机制。

然而，在我国粮食市场体系逐渐建立并发展完善的同时，出于对粮食自身特性的考虑，政府在其市场价格形成中也扮演着相当重要的角色。探索粮食价格形成机制，其本质就是清楚认识粮食价格水平由谁决定：是市场供求主体，还是政府力量？或者说，粮食市场价格形成过程中，政府干预扮演了什么样的角色？其所发挥的作用和实际效应如何？2016—2019年，我国中央 1 号文件中多次提出深化农产品价格形成机制改革，以及完善稻谷和小麦最低收购价制度的要求[①]，可见，研究我国粮食价格形成机制及其改革具有极其重要的现实意义。针对 2004 年后我国逐步建立的粮食价格支持政策所带来的诸多弊端，部分学者认为推进粮食价格形成机制改革的核心在于粮食价格形成机制市场化，弱化政府对价格形成的影响力（詹琳和蒋和平，2015；张军伟，2017；黄季焜，2018）。目前而言，玉米临时收储政策已经退出市场，而稻谷和小麦的最低收购价制度仍在实施，

[①] 2016 年中央 1 号文件提出"改革完善粮食等重要农产品价格形成机制和收储制度""继续执行并完善稻谷、小麦最低收购价政策"，并"按照市场定价、价补分离的原则，积极稳妥推进玉米收储制度改革"。2017 年中央 1 号文件继续提出"深化粮食等重要农产品价格形成机制和收储制度改革"以及"坚持并完善稻谷、小麦最低收购价政策"。2018 年中央 1 号文件再次明确"深化农产品收储制度和价格形成机制改革"的要求。2019 年中央 1 号文件中依然提到"按照更好发挥市场机制作用取向，完善稻谷和小麦最低收购价政策"。

具体如何完善粮食价格形成机制，怎样进行粮食价格支持政策改革，仍在探索之中。为了回答这些问题，就必须厘清价格政策调控如何影响粮食市场价格形成，即政策干预在粮食市场体系下的价格信息及供求信息传递中扮演了什么角色？其所发挥的作用和实际效应是什么？

据此，本研究将重点探讨政策调控对粮食市场价格形成的影响路径，并提出深化粮食价格市场化形成机制改革的设想。这些问题一直是理论界和政府决策部门高度关注的热点问题，而且现阶段我国粮食价格政策调控也到了需要总结和反思的关键节点，有必要对以上问题进行探索和解决。

1.1.2 研究意义

粮食价格作为我国经济运行中的基础性价格，其均衡水平的高低牵涉到众多主体的切身利益，已经成为各国学术界和政府部门关心的关键问题。加入 WTO 对国内粮食市场来说是重要机遇也是挑战，在此特定背景下，研究政府干预对粮食价格形成的影响既是重要的学术问题，也具有重大的现实意义。具体而言，本研究的理论意义和现实意义如下：

理论意义：①丰富和发展农产品价格理论，完善农产品价格形成机制。从古典价值理论到边际效用价值理论再到新古典均衡价格理论，价格理论经历了从无到有并逐渐发展成熟的过程，特别是西方经济学的均衡价格理论已经成为当代经济学的核心基础理论。然而，在面对特定地区、特定时期的市场困境时，均衡价格理论往往失去解释力。据此，本研究通过对特定时期中国粮食市场均衡价格形成机制的研究，剖析市场问题的根源，一定程度上有助于农产品价格理论的完善与拓展。②有助于更加科学客观地评价我国粮食价格支持政策的有效性，为新一轮主要农产品价格形成机制和收储制度改革提供理论依据。在当前强调坚持农产品市场定价原则，深化改革农业支持保护制度的背景下，探究粮食均衡价格的影响因素及作用机制，对于政府在粮食价格形成过程中明确定位、及时出台与市场定价原则良性互动的农业支持政策具有理论参考意义。

现实意义：①有利于理顺产业链上下游产品之间的比价关系，保障粮食产业可持续发展。目前，原粮市场收购价格逐年上涨，大大增加了下游粮食加工企业的成本，导致其正常盈利空间无法保障，产业链利益分配不均容易造成产业发展失衡。因此，厘清粮食市场均衡价格形成机制，有助于理顺产业链上下游产品间比价关系，对国内粮食产业可持续发展具有积极影响。②有利于理顺国内外粮食产品间的比价关系，形成良性的国际贸易关系。厘清国内粮食市场均衡价格形成机制、缩小国内外粮食市场价格差距、形成良性的国际粮食贸易关系，有助于扭转当前粮食贸易格局。③有利于理顺国内粮食品种间比价关系，缓解粮食品种间供求结构性矛盾。厘清粮食市场均衡价格的形成机制，有助于缓解主要粮食品种库存积压与部分粮食品种供不应求的矛盾，从而避免出现局部性甚至全局性的粮食不安全状况。

1.2 概念界定

在建立本研究的分析框架前，有必要对研究中涉及的相关概念进行界定和说明，以便厘清文章的研究对象。具体包括：本研究所涉及的粮食品种、粮食价格及具体讨论的粮食价格支持政策类型。

1.2.1 粮食

粮食是中国独有的称呼，在英文中没有完全对等的词汇，科学界定粮食的概念是本研究的首要问题。通过对古今中外的粮食概念进行较为全面的梳理可以发现，不同时期不同地域对粮食有不同的理解和认识。

（1）根据作物品种界定

在茹毛饮血的蛮荒时代，为了获得延续生命的食物，人类从事的生产活动主要是采集植物和狩猎动物。随着生产实践的深入和生产力的发展，人们的饮食习惯从生食转变为熟食，畜牧业和农业逐渐分离开来，粮食随着原始农业的发展逐渐成为人类生存最基本的食物，成为生活水平稳定提高的重要标志。传统意义上，中国对粮食的定义通常是指可供食用的谷类、豆类和薯类的总称，这包括农业生产的各种粮食作物，与我国国家统计局的粮食统计口径基本一致①。相比之下，国际上没有与我国完全对应的粮食概念，联合国粮食及农业组织（Food and Agriculture Organization of the United Nations，FAO）所涉及的粮食概念实际上指的是食物（Food），包括8大类106种产品②，谷物类（Grain）是8大类之一，谷物产品目录中有8种，即小麦、稻谷、粗粮（包括大麦、玉米、黑麦、燕麦、黑小麦、高粱）。可见，食物和粮食的范畴不同，国内外对粮食的界定存在较大差异。

（2）根据流通环节产品形态界定

实际上，在我国日常生活的具体语境中，粮食所指称的对象有着重要区别，可分为原粮③和成品粮④：①农业领域种植和收获环节所说的粮食是指原粮。②粮食收购环节所说的粮食也是原粮。③加工环节所说的粮食，一是作为粮油工业原料的原粮和油料，二是作为粮油工业产品的成品粮油。④零售环节所说的粮食实际上是指成品粮和食用植物油。⑤消费环节所说的粮食多指可以直接食用的粮食制成品，如米饭、馒头、面条等。⑥从国际贸易角度看，粮食又被称为贸易粮，在统计上涵盖了原粮和成品粮。我国贸易粮分为5个品类，即小麦、大米、玉米、大豆和其他粮食（含薯类）。

（3）本研究中粮食的概念

本研究中涉及的粮食品种主要包括稻谷、小麦、玉米和大豆4类，具体章节会明确指出对应品种。稻谷、小麦、玉米和大豆既是我国主要粮食消费品种，研究过程中也能与国际统计指标保持一致。此外，本研究在分析国际粮食价格与国内粮食价格传递效应时，小麦、玉米和大豆均采用原

---

① 2005年出版的《现代汉语词典》（第5版）对粮食的解释是：供食用的谷物、豆类和薯类的统称。

② FAO所指的食物（Food）为谷物类，块根和块茎作物类，豆类，油籽、果和油仁作物，蔬菜和瓜类，糖料作物，水果，浆果，家畜、家禽、畜产品等8大类106种产品。

③ 原粮又称"自然粮"，是指收割、打场和脱粒后，未经加工的粮食，如稻谷、小麦、玉米、大豆、高粱、大麦等。国内统计全社会粮食生产时，以原粮产量为统计口径。

④ 成品粮是指原粮经过加工后的产品，如大米、面粉、玉米面、小米等。考虑到有些原粮不经过加工也可直接制作食物，因此既算作原粮，也算作成品粮，如豆类、薯类。

粮价格数据，稻谷则采用成品粮价格数据。

1.2.2 粮食价格

不同的粮食交易市场形成不同的粮食交易价格。因此，本研究需要对实际涉及的粮食价格进行清晰的定义和区别，并指明所涉及的具体粮食价格内容。

（1）政策价格与市场价格

根据定价主体不同，可将粮食价格划分为政策价格和市场价格。政策价格是指政府为了实现特定的政策目标而制定的价格。从 1949 年新中国成立至今，我国粮食政策价格随着政策目标的变化而变化，呈现出的表现形式主要有国家牌价、统购统销价、议购议销价、合同定购价、国家定购价、保护价、最低收购价、临时收储价、目标价格等。本研究所说的政策价格主要指最低收购价和临时收储价。

粮食市场价格是指通过有形或无形的市场交易自发形成的价格，包括粮食集贸市场价格、批发市场价格、期货市场价格等。粮食市场价格通常是由众多买方和卖方自由竞价形成的价格，并由粮食价值与粮食市场供求关系决定。粮食集贸市场价格是指全国农产品主产区集贸市场粮食品种的成交价格。粮食批发市场价格是指全国大中型农产品批发市场或从事农产品批发交易的经营单位进行粮食批发交易的成交价格。粮食期货市场价格后面会单独介绍。本研究使用粮食集贸市场价格表示粮食市场价格以进行研究。

粮食政策价格与市场价格存在着既相互独立又相互影响的互动关系。在计划经济主导的统购统销时期，政策价格的制定不以粮食价值和市场供求关系为依据，完全取代市场价格成为粮食市场的主导价格。随着粮食流通体制市场化改革的推进，粮食价格市场化形成机制逐渐发挥主导作用。政策价格与市场价格相互依存、相互影响的特征也越发明显，政策价格的制定以市场价格为依据，反过来市场价格走势也会受政策价格引导。

（2）国际价格与国内价格

根据价格形成的空间地域划分，粮食价格可分为国际价格和国内价格。国际价格是以国际粮食市场价格为基础，由国际市场供求关系决定的价格。本研究所涉及的国际价格均以进口产品 FOB 价格计算①。

国内市场价格是指国内粮食市场均衡条件下的价格，粮食价值和粮食市场供求情况是影响国内价格的两大重要因素，其基本含义等同于粮食市场价格。后续研究中亦将以粮食集贸市场价格作为国内粮食价格的代表进行统计分析。

国际贸易的日益频繁使得参与贸易的国内外粮食价格联系更加紧密。一方面，国内市场作为国际市场的组成部分，受国内供求关系影响形成的国内粮食价格将在一定程度上影响国际供求。另一方面，通过粮食进口，国际粮食价格也是影响国内粮食价格形成和变动的重要因素。

（3）期货价格与现货价格

粮食期货价格和现货价格的区别在于实际交割时间不同。粮食现货价格是指粮食产品在现货交易中的实时成交价格，与市场价格含义相近，本研究以粮食集贸市场价格表示现货价格。粮食期货价格是指在公开、公平、高效、竞争的期货市场上粮食品种期货合约标的物竞价形成的价格。期货市场交易形成的期货价格具有反映市场供求的真实性、预期性、连续性和权威性。

1.2.3 粮食价格形成

根据严敏（1996）的研究，粮食价格形成是指在一定社会经济条件下，影响和制约粮食价格的各因素共同作用的过程与方式。新中国成立以来，我国粮食流通管理体制经历数轮改革，粮食价格形成机制也发生着深刻变化，大致经历统购统销价格形成机制、双轨制价格形成机制、保护价

---

① 根据 IMF 规定，进出口商品价格在国际收支平衡表中均以离岸价 FOB 计算，而将到岸价 CIF 与其之差计入服务项目，因此，本研究所涉及的国际价格均以进口产品 FOB 价格计算。

与最低收购价价格形成机制三个阶段。改革开放前，政府影响力在我国粮食价格形成中起着决定性作用。改革开放后，粮食价格形成机制的变化体现了政府从直接制定价格向间接影响价格形成转变的过程。政府主导的定价机制主要形成于粮食供给短缺、经济发展需要以农业剩余换取工业所需原材料和机器设备的背景下，具有高度的计划性和极强的垄断性（曹宝明，2001）。随着我国工业化体系基本建成，粮食供求矛盾逐渐缓解，政府开始探索粮食市场价格形成机制，逐步向市场形成价格转轨。2004 年粮食市场全面放开，一方面，多元市场主体、多种交易方式、多层次市场结构的粮食市场体系逐步形成，为粮食市场价格的形成提供一定的现实基础[①]。另一方面，国家相继确立的最低收购价格制度及临时收储制度，在粮食价格形成过程中呈现出明显的政府层面影响。因此，这一阶段的粮食价格是市场力量与政府调控共同作用形成的，价格形成机制的主要影响因素既包括价值规律、供求规律和竞争规律等市场力量，也受到政府政策因素影响。

1.2.4 粮食市场调控政策体系

我国粮食市场调控政策体系主要包括粮食生产补贴政策、粮食价格支持政策、粮食储备政策以及粮食进出口管理政策（图 1.2）。

（1）粮食生产补贴政策

粮食生产补贴政策包括良种补贴、粮食直补、农资综合补贴、农机具购置补贴政策等。良种补贴政策从 2002 年开始实施，目标是激励农户选用优质农作物品种，由国家财政对农户购买使用良种进行补贴，鼓励良种的推广应用。粮食直补政策从 2004 年起在全国范围内实施，国家财政将原来补贴在粮食流通环节的粮食风险基金拿出一部分，按一定的补贴标

---

① 2007 年国家粮食局编制印发了粮食行业第一个市场建设专项规划——《全国粮食市场体系建设"十一五"规划》，该规划中明确了"十一五"粮食市场建设指导思想、原则和目标，提出粮食零售、收购、批发和期货市场建设的主要任务，进一步推动粮食市场体系健康有序发展。在此背景下，粮食市场体系初步形成。

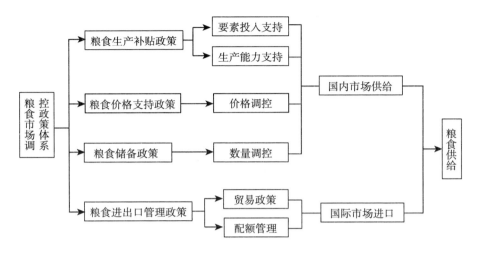

图1.2 我国粮食市场调控政策体系

准，对主产区种粮农户给予补贴，以调动农户种粮积极性。农资综合补贴政策自2006年起实施，用于补偿农资价格上涨而遭受的损失。2016年5月，财政部、农业部印发《关于全面推开农业"三项补贴"改革工作的通知》，将以上3种补贴合并为农业支持保护补贴，用于支持耕地地力保护和粮食适度规模经营两个方面。农机具购置补贴政策于2004年在全国范围内启动实施，是国家为鼓励和支持农户购买使用先进适用的农业机械，加快推进农业机械化进程，提高农业现代化水平，对农户、农场职工和直接从事农业生产、农副产品加工的农机服务组织购置农机具给予的财政补贴政策。农机具购置补贴资金规模不断增加、补贴范围不断扩大，在农业支持保护补贴中占据重要地位。

（2）粮食价格支持政策

粮食价格支持政策包括最低收购价和临时收储政策。为保护主产区农户利益、稳定粮食生产，中央决定2004年开始由中国储备粮管理总公司（以下简称中储粮）执行"最低收购价政策"，形成粮食储备中的"临时储备粮"。国务院制定政策收购价格，由国家发展和改革委员会（以下简称"国家发改委"）公布。批发市场竞拍形成临时储备粮销售价格，销售收入扣除收购、储存和监管等费用及贷款利息后的实际盈亏由中央财政承担。

2004 年和 2006 年我国分别启动稻谷和小麦最低收购价政策，继而 2008 年分别在东三省和内蒙古自治区实施玉米、大豆临时收储政策。"临时储备粮"的出现提高了国家对粮食生产调节的灵活性，也丰富了粮食储备体系的构成。

（3）粮食储备政策

粮食储备政策的主要目标包括备战备荒、保障粮食市场供给、平抑粮食价格波动。为应对粮食严重短缺的现象，以及各种可能出现的灾害和意外，1965 年中央在《关于粮食征购工作的指示》提出建立国家粮食储备。1990 年，国务院决定建立粮食专项储备制度，并成立国家粮食储备局，将用于调节市场供求和平抑粮食产量波动的后备储备纳入国家粮食储备，粮食储备体系逐渐形成。国家粮食专项储备制度建立后，地方粮食储备制度也开始逐步建立，自此，我国初步形成中央、省级、市县三级储备。粮食专项储备制度建立的同时，其分级管理模式的弊端逐渐暴露，储备粮时常出现"调不动，用不上"的问题，粮食专项储备制度未能充分发挥其应有的功能。国务院决定对粮食专项储备制度进行重大改革，建立中央储备粮垂直管理体系。2000 年，国务院发布《关于组建中国储备粮管理总公司有关问题的批复》，决定组建中储粮，由中储粮负责中央政府储备粮的收购、储备、轮换等，并重新组建国家粮食局以对国家粮食储备进行行政管理和行业指导，就此形成中央储备粮垂直管理体系。粮食储备体系的基本结构未发生太大变化，仍然以政府专项储备为主、战略储备和周转储备为补充。

随着最低收购价格和临时收储等价格支持政策的出台，作为政策配套，政府进一步延伸了国家粮食储备的功能框架，建立临时粮食储备部分配合粮食价格支持政策的方案，以保障粮食市场供给安全，这部分临时储备粮与专项储备粮共同构成后备储备粮。

（4）粮食进出口管理政策

粮食进出口管理政策指出，根据中国加入 WTO 的承诺，需对主要粮食品种进口实行关税配额管理，配额内实行低关税，配额外征收高关税。小麦、玉米、大米等三大主要粮食品种实行进口关税配额管理，进口配额由国家发改委会同商务部分配。小麦、玉米、大米的进口关税配额分为国有贸易配额和非国有贸易配额。国有贸易配额只能通过国有贸易企业进口；非国有贸易配额则通过具有贸易权的企业进口，有贸易权的最终用户也可自行进口。

从小麦、玉米、大米和大豆四种主要粮食品种的进出口管理政策来看，小麦、玉米和大米实行的是进口关税配额管理，关税配额税率结构及配额分配如表 1.1 所示。加入 WTO 后，我国大豆进口实行单一的关税政策，除种用大豆进口关税率为零外，黄大豆、黑大豆、青大豆及其他大豆关税税率均为 3%。大豆市场自由贸易程度较高，而小麦、玉米和大米市场的政府干预力度相对更强。

表 1.1　2004 年以来主要粮食品种进口关税配额、配额分配以及税率

单位：万吨、%

品种	配额	国有贸易占比	配额内税率	配额外税率	
				最惠国税率	普通税率
大米	532	50	1	65	180
小麦	963.6	90	1	65	180
玉米	720	60	1	65	180

数据来源：布瑞克农业数据库。

1.3 研究方案

1.3.1 研究对象

粮食价格问题由来已久，为了使本研究的研究目标更加明确、研究问题更加集中，有必要对文章研究对象进行清晰界定，这包括研究主体和研究时间跨度。

从研究主体来看，根据本研究的研究目标，即价格支持政策对粮食价格形成的影响，这里需要界定的研究主体一是粮食品种，二是粮食价格支持政策。政府针对稻谷、小麦、玉米和大豆等主要粮食品种实施不同价格

支持政策，其中对稻谷和小麦实施的是最低收购价政策，对玉米实施的是临时收储政策，而对大豆则是先实施临时收储政策后又实施目标价格政策。这里以稻谷、小麦、玉米和大豆四种主要粮食品种为研究对象，以具有相似性质的最低收购价和临时收储政策作为粮食价格支持政策的代表。

从研究的时间跨度来看，本研究聚焦于 2004 年粮食价格支持政策实施以来的时间段，针对后续章节不同研究目标和研究背景，选取的时间节点可能有所区别，但会在各章数据说明部分进行详细介绍。

1.3.2 研究内容

本研究沿着"问题逻辑—理论逻辑—实践逻辑"的思路框架，基于供求规律、价值规律、竞争规律，利用公共物品、预期、价格传递等理论和分析工具，深入分析价格支持政策干预对中国粮食价格形成的影响机理与实践评价。本研究根据粮食市场体系构成，在对粮食价格市场化形成机制进行深入剖析的基础上，依次探究粮食价格支持政策的实施对粮食供给、生产成本、期现货价格引导及国内外价格传递的影响路径和作用机制，并提出相关研究假说。继而通过供给反应模型、价格溢出效应检验模型及非线性区制转换模型等，对假说进行实证检验。最终依据研究结论，为完善我国粮食价格市场化形成机制提供建议。据此，本研究的研究框架共分为五个部分、九个章节：

第一部分是前期梳理，即第 1 章和第 2 章。主要内容包括介绍粮食市场宏观背景，并在此基础上提出拟研究的具体问题、概括本研究的主要目的和意义、说明主要研究内容和整体研究框架、交代相关研究方法和数据来源并点出研究的创新点和不足之处，最后对现有文献进行梳理，说明可进一步研究拓展的空间。

第二部分是理论框架，即第 3 章。这一部分首先对封闭市场下、引入期货市场及市场开放时等无政府干预情形下的粮食市场价格形成进行分析，进一步地，引入价格支持政策后，在前者的基础上对其干预机制依次展开讨论，分析政策干预对粮食价格形成的多路径影响。

第三部分是实证检验,即第4至7章。主要内容包括政策支持下主产区农户供给行为的实证分析、粮食价格与要素价格的动态相依性分析、期现货市场价格引导关系的实证分析、国内外粮食价格传导关系的实证分析,对政策干预下中国粮食价格形成的多重影响路径进行实证检验。

第四部分是现实考察,即第8章。这一部分采用规范分析方法,分别从短期和长期的视角对价格支持政策的实践效果进行综合评价。

第五部分是结论建议,即第9章。主要内容是对以上各个章节进行总结和梳理,并根据结论和发现,就价格形成机制改革提出针对性的政策建议和实施路径。

1.3.3 研究方法

本研究立足于国内外现有研究成果,以理论分析为基础,拟采用逻辑推导和计量检验相结合的方式对研究问题进行分析,具体涉及的研究方法如下:

(1)文献分析法

对国内外已有文献进行归纳和总结是科研工作不可或缺的步骤,这不仅能够为现有研究提供解决思路和可借鉴的研究方法,也为相关问题的进一步修正和补充指明方向。本研究系统地梳理了市场化条件下粮食价格形成的研究,以及政策干预对粮食价格形成的影响,通过对现有文献归类总结,最终形成研究切入点。

(2)理论推演法

中国粮食价格形成机制的分析中涉及不同市场力量对价格形成的影响,其影响机制不尽相同,因此通过层层分解、由简到繁的推演,对不同情形下有政府和无政府干预的价格形成变化进行剖析,有助于更好地理解中国粮食价格形成的内在机理。

(3)计量分析法

本研究在理论分析的基础上,拟采用相关计量模型进行经验研究,揭示数据背后的规律,对某一现象和理论进行证实或证伪。本研究使用的数据类型既包括面板数据,也包括时间序列数据,且以时间序列数据为主。

面板数据分析方法即为常见的固定效应模型分析法，时间序列分析涉及三种计量检验模型，即检验波动溢出效应的向量自回归模型（VAR）或向量误差修正模型（VEC）和 BEKK - GARCH 模型、检验价格传递门限效应的 STR 模型。

1.3.4 技术路线

本研究沿着"理论逻辑-实践逻辑-历史逻辑"的研究脉络，基于以上研究内容和方法，主体章节的技术路线如图1.3所示。

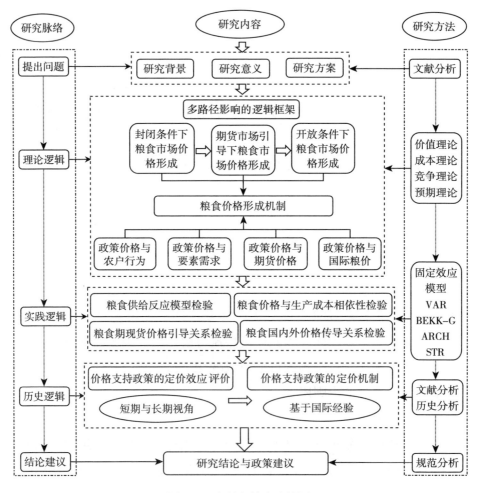

图 1.3　本研究技术路线图

1.4 创新与不足

1.4.1 创新之处

本研究的创新之处主要体现在以下 3 个方面：

第一，研究视角创新。本研究基于我国特定历史时期的粮食市场宏观背景，尝试探索政策支持对粮食价格市场化形成机制的影响，并据此对完善粮食价格形成机制提出相应建议。现有研究大多着眼于某个或某些热点因素对国内粮食价格的影响，但政策因素和市场因素相互脱节，导致无法形成完整的粮食市场均衡价格的研究框架。因此，有必要构建全局性的、系统性的国内粮食均衡价格分析框架，而这正是本研究的研究切入点，能够实现研究视角上的创新。

第二，研究内容创新。本研究以粮食市场化形成路径作为研究的逻辑起点，将政策因素与粮食价格形成相结合，构建相应的理论分析框架。相较于传统供求均衡模型，本研究的分析框架更接近现阶段中国粮食市场价格形成的真实状态，较具现实意义。因此，本研究的研究内容既是对传统农产品价格决定模型的拓展，对于加入 WTO 以来中国粮食市场出现的问题也更具解释力，这也正是当前研究所缺乏的。

第三，研究方法创新。在吸取前人研究经验的基础上，本研究结合当前的研究对象和研究目的进行适应性的改进，主要体现在农户供给反应模型面板数据回归部分，除微观调研数据，既往研究大多使用省级层面宏观数据进行回归，容易忽略省内各地区之间粮食生产异质性而导致回归出现偏误。在数据可获取范围内，本研究使用地市级数据进行回归，极大地提高了拟合优度，使结果更具解释力。

1.4.2 不足之处

受研究能力与研究条件的限制，本研究在实现上述创新的同时不免存在些许不足，主要表现在以下两个方面：

第一，构建粮食价格形成机制的分析框架时提出的研究假设与现实情况存在出入。文中在构建分析框架时需要提前设定一系列的假设，为使模型更加简便易操作，某些研究假设与现实情况不能完全契合。比如，不考虑宏观经济环境诸如利率、汇率、游资炒作、货币流通量、原油价格等因素对粮食价格的影响。一定程度上讲，该假设可能会影响模型的拟合效果，这也是本研究日后的改进方向。

第二，样本数据的选择不够全面。鉴于本研究大多使用的数据为宏观数据，来源于不同的统计年鉴和数据库，这就可能存在数据统计口径不一的问题，致使计量检验结果存在一定的偏误。尽管在研究过程中，笔者通过多方比较查证来降低数据口径的不一致性，但不能否认这一偏误的现实存在。为此，本研究通过变换数据来源或者变换数据频率的方式进行稳健性检验，以保证实证结果的可信度。此外，受数据可获性限制，本研究无法获取样本中各地级市粮食市场价格，遂以省级层面市场价格替代，一定程度上存在数据选择偏误。

第2章 价格支持政策与粮食价格形成的研究综述

价格问题是经济学分析中的重要内容。从古典经济学开始，各学派便对价格的形成机理给出了不同的解释。粮食作为一种特殊商品，其价格形成机制的研究一直是学术界和政府部门关注的重要问题。长期以来，关于粮食价格形成及在此过程中的政府行为的研究，有着丰富的理论成果和文献积累。本研究旨在考察价格支持政策对粮食价格形成机制的影响，主要涉及粮食价格的成因及政府行为在粮食价格形成过程中的作用。本章将从这两方面入手，对前人的理论及实证研究进行回顾与梳理，寻求本研究的逻辑起点与理论分析框架。进一步地，总结既往研究的不足之处，并指出本研究的主要贡献。

2.1 市场化条件下粮食价格形成

粮食价格的形成是指社会生产和交换过程中，影响和约束粮食价格的各种力量相互作用、相互制约的过程与方式。根据粮食价格形成的主体不同，粮食价格形成机制可分为政府主导、市场主导及市场和政府共同作用三种类型。政府主导型粮食价格形成机制下，政府是价格形成的主体，企业和个人是粮食价格的接受者，如计划经济时期粮食统购统销价格。市场主导型粮食价格形成机制下，粮食价格水平的决定和变化取决于市场生产者和消费者等市场主体，政府只是市场价格的监督者。市场与政府共同作用的粮食价格形成机制下，粮食基础价格由市场机制形成，继而受到政策干预的影响，形成最终价格。现阶段而言，粮食价格形成以后两者为主。

2.1.1 价格形成理论

在价格形成和变化的基础问题上历来存在着不同的观点。从价格形成的发展脉络和不同学派主张来看，主要分为古典价值理论、边际效用价值理论和新古典均衡价格理论。

2.1.1.1 古典价值理论

商品交换及其规律是古典经济学家主要讨论的理论问题，价格背后的价值基础是这一问题的关键内容。从威廉·配第到亚当·斯密，再到大卫·李嘉图，古典价值理论不断得到补充和发展。

（1）威廉·配第的价值理论

威廉·配第（William Petty）最先提出古典价值理论的基本原理，是古典经济学派论证劳动价值论的最初奠基人，也是价格史上论证价值是价格基础的第一人。配第区分了价值和价格，并找到价格赖以波动的轴心，且提出劳动是价值的源泉[①]。但是配第在分析商品价格时存在一些缺陷。他认为一种商品的价格，比如谷物，是由提炼同等价值白银所需的劳动时间决定的。这里，他错误地将谷物的价值与生产白银所需的劳动时间联系起来。这种观点显然混淆了价值和交换价值的概念。

（2）亚当·斯密的价值理论

亚当·斯密（Adam Smith）1776 年出版的《国民财富的性质和原因的研究》继承和发展了配第的价值学说。在价格和价值理论的研究上，斯密解决了三大问题：

---

① 配第首次提出自然价格和市场价格的概念，市场价格即为时涨时落的市场价格，自然价格实际上就是指价值。配第对价格赖以波动的轴心问题作了不懈的探索，认定市场价格的涨落有一个稳定的轴心，这个轴心就是自然价格，即价值。配第还指出劳动是价值的源泉，认为一种商品的价格是由劳动决定的。

一是何种情况下价格与价值相背离。斯密指出，市场价格受市场供求比例关系变化的影响有时高于、低于或等于其自然价格，价格偏离自然价格的幅度取决于商品的缺乏程度及市场竞争的激烈程度。但不管价格如何波动，市场价格终将趋向自然价格。

二是价值的决定。斯密提出商品价值由劳动决定[①]。但在考察价值的决定因素时，斯密的理解是双重的。尽管斯密认为生产时耗费的劳动决定了商品的价值，但在后续分析中，他又提出一种商品是否有价值，取决于它能否购买到另一种商品的劳动，否则该商品便无价值可言。这种观点将耗费劳动和购买劳动混为一谈，在价值论上犯了二元论的错误。

三是价值的构成因素。斯密认为劳动产品不单属于劳动者，还需要与资本家和土地所有者共分。因此，价值不仅由生产商品所耗费的劳动决定，而是由工资、利润、地租三者共同构成，"在进步社会，这三者都或多或少地成为绝大多数商品价格的组成部分"。这一错误命题的提出否定了价值由耗费劳动决定的正确观点，这里斯密将价值的决定和价值的分配混淆，这是两个不同范畴的问题。

（3）大卫·李嘉图的价值理论

大卫·李嘉图（David Ricardo）继承和发展了斯密的劳动价值论。提出社会必要劳动量的概念，在其 1817 年发表的代表作《政治经济学及赋税原理》中指出，商品的价值取决于生产这一商品需要花费的相对必要劳动量，而非劳动报酬。李嘉图一贯坚持劳动决定价值的原理，首先，他坚持将创造商品的劳动看作是价值的唯一源泉。其次，李嘉图否认了工资、利润、地租三种收入决定价值的错误观点，他认为无论这三种收入比例怎样变化，都只是价值的分配，并不影响商品价值的大小。除此之外，李嘉图还进一步论证了供求对价格的影响。他认为，供求变化对价格的影响是暂时的，最后支配商品价格的是生产成本，即价值是最后决定价格的因

---

① 斯密指出，商品的真正价值就是所需的劳动，因为劳动是获得商品所需付出的唯一代价。"任何一个物品的真实价格，即取得这个物品在实际上所需付出的代价，乃至获得它的辛苦和麻烦。"这里所说的"真实价格"，就是指价值；而辛苦和麻烦，指的是劳动耗费。

素，明确阐述价值、价格和供求三者的关系。

然而，李嘉图的价值理论并非无懈可击。尽管他提出以生产该商品的必要劳动决定商品价值，但他对行业核算必要劳动的标准做了错误估计，马克思对此进行了改进。

（4）马克思的价值理论

马克思（Karl Marx）批判、继承和发展了前人的劳动价值论，创建了科学完整的劳动价值理论。其理论包括劳动的二重性理论、价值形成理论和价值规律及其作用理论，对价格的起源、价格形成的基础和价格运动规律等问题作出了科学的解释，创建了科学的价值价格理论。

马克思开创性地提出了价值规律，其内容包括两个方面，一是纠正李嘉图以最大必要劳动量衡量行业劳动价值量的观点，运用社会平均必要劳动①来衡量劳动价值量；二是商品实行等价交换。商品市场价值的形成和决定已考虑了供求关系，而价值的形成与决定抽象掉了市场供求关系。根据马克思的观点，价值转化为市场价值，市场价值是部门内部的竞争形成的社会价值，它取决于生产商品耗费的社会必要劳动，市场价值决定供求，而供求关系引起市场价格围绕市场价值上下波动。

2.1.1.2　边际效用价值理论

19世纪70年代初，卡尔·门格尔（Carl Merger）及其两个门生欧根·冯·庞巴维克（Eugen Bohm - Bawerk）和弗里德里希·冯·维塞尔（Friedrich Freiherr von Wieser）是边际效用价值理论的代表人物。门格尔和庞巴维克的边际效用价值一元论认为，价值即边际效用，边际效用即价值。维塞尔则将边际效用价值理论与生产费用论糅合起来，首次提出了"全部归属论"。英国的威廉·斯坦利·杰文斯（William Stanley Jevons）和法国的里昂·瓦尔拉斯（Léon Walras）也以边际效用价值理论为基础，引入供求函数论，建立了全部均衡的数学模型。根据边际效用价值理论，

---

① 社会必要劳动时间即"在现有社会正常的生产条件下，在社会平均的劳动熟练程度和劳动强度下，制造某种使用价值所需要的劳动时间"。

商品价值是人们对商品效用的主观心理评价，价值量取决于物品满足人最后亦即最小欲望的那一单位的效用。瓦尔拉斯的弟子维尔弗雷多·帕累托对此进行修正，主张抛弃"边际效用"，提出"无差异曲线"。

边际效用价值理论最大的问题在于，该理论将商品价值定义为人们对商品的主观感觉和评价，而失去其基本的物质载体。此外，边际效用因无法度量也使得该理论在解释真实世界的价格时效果大打折扣。

2.1.1.3 新古典均衡价格理论

纵观新古典均衡价格理论，最具代表性的理论应属阿尔弗雷德·马歇尔（Alfred Marshall）的局部均衡理论和里昂·瓦尔拉斯（Léon Walras）的一般均衡理论。

马歇尔在其著作《经济学原理》中，运用抽象演绎和数学分析的方法，将供求函数论、生产费用价值理论和边际效用价值理论的思想糅为一体，构建了"均衡价格"概念，认为当供求曲线与需求曲线相交时，即为均衡价格。在此基础上，马歇尔注意到不同时空对供求均衡的影响，因而分别分析了暂时均衡、短期均衡和长期均衡三种情况，进而指出，短期中均衡价格由供求决定，而长期中均衡价格由生产成本决定。

马歇尔只是针对单个市场上某类商品的供求展开局部均衡研究，但市场中一类商品供求量和价格的变动可能会引致其他商品供求量与价格的变动，局部均衡分析未考虑到经济各部分的有机联系。里昂·瓦尔拉斯在《纯粹经济学要义》中创立了一般均衡理论，更加注重商品市场和要素市场内部及商品市场与要素市场之间的相互作用。一般均衡是一种静态均衡，由于假设条件远离现实，均衡实现过程也脱离现实，因而受到非均衡经济学的批判。

2.1.2 市场供求与粮食价格形成

粮食价格形成是在粮食生产和交换过程中价格的确定，是影响和约束粮食市场价格的各种因素相互作用、相互制约的过程（李利英，2016）。粮食价格波动特征、规律及变化趋势等内容都是粮食价格形成机制的研究范畴。从现有文献来看，粮食价格形成机制的研究主要包括粮食价格成因、期现货价格关系及国际粮食价格传导等方面。

粮食价格形成的基础主要体现在生产成本和市场供求两方面。首先，农业生产成本和生产要素供应是影响粮食价格变化的重要因素（陈晓暾等，2013），务农成本的刚性上涨是农产品涨价的深层次、趋势性原因，这也反映了农产品定价向价值规律的理性回归（董振国等，2011）。部分学者从单个生产要素视角，对生产成本与粮食价格之间的关系进行理论和实证分析。温丽（2010）基于1990—2007年农村劳动力流动和农产品价格数据，利用VEC模型分析农村劳动力流动和农产品价格的动态均衡关系，认为农村劳动力流动和农产品价格之间存在长期均衡关系，并对这种影响进行阶段性分析。李谷成等（2018）基于2000—2015年中国大陆28个省份农产品生产数据的实证分析表明，劳动力成本上升产生的价格效应是影响我国农产品国际竞争力的重要因素。类似地，徐志刚等（2018）通过比较收储政策和劳动力工资上升对我国粮食市场竞争力变化的影响程度，发现劳动力工资上升对玉米价格竞争力影响较大，收储政策则对小麦和稻谷具有更大影响。除此之外，部分研究从能源、金属等原材料价格与农业生产成本的传递关系入手，进而对粮食价格的波动进行分析。石敏俊等（2009）基于自行编制的中国城乡投入产出表，测算能源价格波动与粮食价格波动之间的关联，研究发现28%～51%幅度的粮价上涨是由能源价格上涨及其引起的化肥和劳动力成本上升推动的。杨志海等（2012）和董秀良等（2014）通过对不同粮食品种价格与石油价格之间的关系进行实证分析，发现石油价格与粮食价格之间的变化呈现正相关关系，且不同粮食品种价格受石油价格的冲击程度存在差异。尹靖华和顾国达（2015）分析国际能源对粮食价格传导的生产成本渠道，并采用VAR模型进行实证分析，认为能源价格波动会通过生产成本渠道导致粮食价格发生同向变化。徐媛媛等（2018）利用VEC-BEKK-GARCH（1，1）模型对国际原油、国际玉米、国内玉米3个市场彼此间的价格溢出效应进行研究，发现国际原油价格对国内玉米价格存在溢出效应。尽管近年来农资价格上涨幅度相对小于粮食价格的上涨幅度，但农资类价格对粮食价格的影响依然不可忽视（秦平山，2017）。以上研究从直接或间接视角分析了粮食生产成本及其影响因素对粮食价格的基础性决定作用，充分说明了生产成本是粮食价格形成的重要基础。

除了农业生产成本外，粮食市场供求关系也是粮食价格形成的重要依据（梁永强，2010），市场供给与需求主导玉米价格形成，粮食价格能够随市场供求的变化而变化是价格机制发挥作用的关键（杨宝琴，2012）。学者们从供给和需求的基本面对粮食价格形成与波动的不同影响因素进行了分析。从供给角度看，粮食产量与粮食价格之间存在相互影响的关系，但粮食产量对粮食价格的影响相对更大，并且这种影响存在滞后性（何蒲明和黎东升，2009；何蒲明等，2010）。国内粮食的生产是我国粮食供给的主体，因此粮食生产的影响因素均将对粮食价格产生不同程度的传导。粮食生产对自然资源具有极强的依赖性，气候灾害频发很大程度上影响着粮食产量和整个粮食生产系统的平衡。气候灾害导致的受灾面积和成灾面积对粮食产量具有较强的削弱作用，降低了粮食的综合生产能力。因此，构建统一的国内粮食价格体系和供求平衡机制有利于促进粮食产量持续和稳定供给，保障粮食安全（陈卫洪和谢晓英，2013）。此外，农业要素投入的增加及农业 TFP 的增长也会对粮食供给形成显著的正向影响（肖卫和肖琳子，2013；王成军等，2016；杨义武等，2017；彭小辉等，2018）。根据尹靖华和顾国达（2015）的研究结论，从中长期发展趋势来看，我国粮食需求总量持续增加但增速减慢，饲料粮和工业用粮将取代口粮成为中国第一大粮食用途，生物质能源的发展可能造成一半以上的粮食缺口，需要贸易途径平抑国内用粮缺口。随着经济的发展，粮食的金融化和能源化日趋明显，这一需求也将对粮食价格形成机制产生重要影响（吴海霞等，2018）。生产成本变化及供需基本面的影响是粮食价格形成机制的重要基础。

2.1.3 期货市场与粮食价格形成

期货价格和现货价格是同一种商品在不同市场的价格表现，期货价

主要是对公开竞价形成的期货合约标的物的现货价格的无偏估计
（Brenner 和 Kroner，1995）。从现有大量文献来看，国内外学者对于期现
货市场价格关系的研究主要围绕期现货价格相关性和期货市场功能有效性
两个方面进行。

早期文献主要研究的是期现货价格的相关性问题，期现货价格相关性
主要体现在两市场价格收益率和波动性之间的关系上。学者们以不同市场
为对象所得出的研究结论也不尽相同，但普遍认为大多数期货与现货价格
之间存在长期均衡关系，且期货价格居于价格发现的主导地位，如华仁海
等（2005）、刘凤军和刘勇等（2006）。Shigeru（2001）对大阪的堂岛谷
物期货市场价格与现货价格进行协整分析，实证结果表明期现货价格间存
在稳定关系，据此提出该期货市场的价格发现功能基本发挥。So 和 Tse
（2004）研究发现香港恒生指数与其期货市场间存在价格波动互相传递的
现象。李红霞等（2012）对黄金期现货市场相关性的研究发现，黄金市场
仅存在现货收益率对期货收益率的单向影响，收益率波动间具有高度正相
关。另有部分学者关注了期现货市场间价格的波动性关系。有观点认为，
期货市场理性投资者会通过高卖低买来缓解价格波动幅度，且长期看，期
货市场的存在可使现货市场更快地趋于市场均衡水平（Peck，1976；
Ross，1989）。Turnovsky（1983）采用均值方差理论模型，在假设生产
不确定及市场参与者信息相同的前提下研究商品期货价格波动，发现期货
价格对现货价格的波动具有稳定性。但部分学者对此持不同观点，认为理
性投资者并非高卖低买，而是预期价格上涨时买入，预期价格下跌时卖
出，而价格预期与现实情况之间的差距可能反而会加剧价格波动幅度
（Stein，1987；Cox，1976）。在此基础上，学者们进一步进行了实证分
析。Zhong 和 Parrat（2004）研究墨西哥股指期货市场，发现期货市场加
剧了该市场的波动。另外，国内学者对股指期货的一些研究也得出结论，
认为期货合约的退出能够起到稳定股票指数的作用（涂志勇和郭明，
2008；杨阳和万迪昉，2010；郦金梁等，2012）。从农产品市场来看，部
分学者研究发现我国农产品期货市场价格与现货市场价格之间具有相关性

且存在引导关系，但是具体相关程度和引导方向因品种而异（李天忠和丁涛，2006；逯宇铎和王百超，2010）。庞贞燕和刘磊（2013）的实证检验发现，农产品期货合约上市能够减缓现货市场价格波动，且这一作用具有持续性。王秀东等（2013）认为交易量对大豆期货价格波动存在正向影响，且国际金融危机对国内大豆期货市场的冲击加剧了大豆期货价格的波动性。

随着研究的推进，针对期货市场价格发现功能有效性的分析逐步展开。国内外学者对期货市场价格发现和风险回避功能进行了充分阐述和实证检验，认为期货市场确实存在价格发现和风险回避的作用，价格发现实质上就是市场趋向均衡的过程，反映了信息如何在市场上进行传递（Tse，1999；Yang 和 Leatham，1999）。Santos（2002）根据美国芝加哥交易所（CBOT）玉米和小麦期现货价格数据证明期货市场价格发现功能确实存在，并指出早期的芝加哥谷物期货市场有效。Faure（2006）以南非粮食市场为研究对象，发现粮食现货价格由期货价格衍生而来，充分说明期货市场的价格发现功能。近年来国内期货市场的实践检验也相继表明，大豆等农产品期货市场价格发现功能正在逐步显现，能够较真实地反映现货市场供求信息，成为具有影响力的指导价格（周蓓和齐中英，2007）。马述忠等（2011）定量分析了农产品期货市场在价格发现中的作用和效率，发现大豆市场存在期货价格对现货价格的单向引导作用。黄建新和周启清（2014）以中美玉米为例，对比分析两国玉米期现货市场价格引导关系差异，发现美国玉米期货价格与现货价格之间具有双向引导关系，而国内市场仅存在期货价格对现货价格的单向引导。

2.1.4 国际市场与粮食价格形成

首先，国际粮食价格是否影响国内粮食价格，学者们对此存在争议。李先德、王士海（2009）认为，国际粮价波动对国内市场影响较小。潘苏和熊启泉（2011）利用 2000—2010 年国内外粮食价格月度数据进行实证研究，结果显示无论从长期还是短期来看，国际粮食价格对国内粮食价格影响均处于较低水平。部分学者认为，国际粮食市场价格对国内粮食价格的影响在长期中发挥作用，而在中短期内国内粮食价格仅受粮食供给和通胀影响（Loening 等，2009）。另外一些学者表示，绝对不能忽视国际粮食价格波动对国内粮食价格的传递作用（王孝松和谢申祥，2012），国际粮价变动已经成为影响国内粮价的重要变量（卢锋和谢亚，2008）。胡瑞涛和徐天祥（2012）认为，国际农产品组织掌控着国际大宗农产品的定价权。现实情况下并不存在完全竞争、信息对称及交易成本为零的理想市场状态，因此农产品价格还会受到其他市场力量影响。国际四大粮商在国际粮食市场价格中拥有定价权，进而影响各国粮食市场价格。随着研究时段的推进，肖小勇等（2014）认为国际粮食市场对国内粮食价格存在波动溢出效应。李光泗等（2015a，2018）研究发现，国内外粮食价格之间的波动溢出效应因品种和贸易格局而异，相对而言，国际粮食价格波动对国内粮食价格的影响受市场开放程度的影响较为明显。

其次，现有文献还就国际粮食价格对国内粮食价格的影响路径问题进行有益探索，主要包括贸易途径和期货等信息传递途径。高帆和龚芳（2012）研究发现，当前国际粮食价格会通过贸易或汇率渠道直接影响国内大豆价格，而国内大豆价格借助替代效应等信息诱发渠道影响其他品种和整体粮价波动。丁守海（2009）同样认为，大米、小麦等战略性品种的价格输入并不是直接来自国际贸易，而是通过大豆和玉米等间接贸易实现的。此外，国际粮食期货价格会对国内粮食期货价格产生影响，进而影响粮食市场各方价格预期，推动粮食价格波动（Yse 和 Booth，1997；Holder 等，2002；Hernandez 等，2011）。

最后，就研究方法而言，学术界在讨论市场间粮价相关性及粮价空间传递时，通常以市场整合为出发点。市场整合是指存在于不同市场间的一种价格运动关系（周章跃等，1999），市场整合程度的高低直接反映粮食流通的顺畅程度及粮食市场运行效率（肖小勇等，2014；龚梦等，2013）。市场整合可以改善资源配置效率、降低社会成本、最大化社会福利，而市场分割则会给社会带来无谓损失，降低经济运行效率。Alexander（1994）

利用协整检验研究发现，印度尼西亚大米市场国际价格与其国内价格存在较为显著的长期整合关系。Trefler（2004）分析了加拿大和美国两个市场间贸易的长期和短期整合情况。Ghosh（2011）运用协整分析研究了印度农业政策对谷物市场整合的影响。Goychuk 和 Meyers（2014）采用协整分析法和阈值误差修正法分析了俄罗斯、乌克兰与美国、欧盟及加拿大小麦市场之间的整合问题。Bakucs 等（2012）则采用马尔科夫切换向量误差修正模型对德国和匈牙利小麦市场的整合性进行了研究。国内对粮食市场的整合研究起步较晚，其中较有影响力的是喻闻和黄季焜（1998）对国内水稻市场整合的研究。可以看出，协整分析方法在市场整合程度的研究中使用较为广泛。随着研究的进一步发展，非对称性价格传递被证实广泛存在（Frey 和 Manera，2007；Koutroumanidis 等，2009）。学者们也开始考虑国内外粮食价格传递的非对称性问题，彭佳颖等（2016）、韩磊（2018）分别使用马尔科夫区制转移（MS‐TVTP）模型和门限自回归（TAR）模型进行分析，发现国际粮食价格的上涨和下跌对国内粮食价格的影响机制存在差异。

粮食价格形成除受生产成本、供求基本面、期货市场及国际市场的影响外，近年来，关于粮食价格的新型影响因素也备受关注，这方面的研究主要集中在投机因素、国际能源、生物能源、货币供应量变化等方面。

研究发现，玉米、原油和乙醇价格之间存在协整关系，且相关性逐渐增强（Serra 等，2008；Trujillo 等，2011）。Du 等（2011）运用一个随机波动模型分析美国原油与玉米和小麦市场价格波动的溢出效应。黄季焜等（2009）认为 2005—2008 年上半年国际粮食价格上涨的主要原因在于石油价格上涨、生物质能源迅速发展及投机行为参与等。仇焕广等（2009）分析了生物燃料乙醇发展对 2006—2008 年全球和我国粮食价格上涨的影响，研究表明，生物燃料乙醇的发展提高了对能源作物的需求，并使得粮食市场和石油市场的联系更加密切，导致粮食价格随石油价格的波动而波动。高群和曾明（2018）将玉米作为研究对象，利用相关价格数据从全球化和能源化双重维度考察了粮食市场相关价格波动的溢出效应，研究发现生物质能源市场对国内粮食市场具有波动溢出效应。同样以玉米作为代表性粮食作物，吴海霞等（2018）利用 ARDL 模型，从供求基本面、进出口贸易、行业政策及金融化因素视角，对中国玉米价格形成机制进行了实证分析，结果表明，除了供求基本面和政策影响外，金融化力量、期货价格、原油价格等也在玉米价格形成中发挥着显著而直接的作用。在相关研究中，多数学者认为原油价格、生物燃料价格及农产品价格之间存在较强的协整关系，但同时也指出生物燃料对农产品价格水平及其波动的影响有限（Cabrera，2013）。此外，也有学者指出，流动性过剩是造成中国农产品价格普遍上涨的重要原因，在宽松的货币政策实施背景下，农产品价格的快速增长是不可避免的（裴辉儒等，2011）。

2.2 政策干预与粮食价格形成

新中国成立 70 多年来，尤其是 1978 年我国开始进入以农村改革为先导、以价格改革为重点的经济体制改革阶段，粮食价格形成的市场化进程随着粮食流通管理体制改革的深入，发生着深刻的变化。1978 年党的十一届三中全会后，国家适当放宽粮食集贸市场交易，并在 1984 年以价格"双轨制"取代了统购派购制度，开始逐步建立粮食批发市场，有秩序地组织市场调节①。这一时期，粮食集贸市场和批发市场得到了一定程度的恢复和发展，价格方面引入议价和多渠道竞争形成的市场价格，即政府继续影响粮食价格形成，同时也允许市场供求关系自主决定价格水平（曹宝明，2001）。然而，紧随其后的是 20 世纪 90 年代初保护价收购政策的制定与实施，政策在粮食价格形成中再次发挥主导性的影响力。但总体上讲，保护价收购政策没有达到预期目标，具体措施在实践中难以落实到位，国家被迫放弃保护价收购政策。面对当时价格背离供求、财政负担沉重的种种问题，决策层对粮食价格政策进行重大调整，改保护价收购为直接补贴农

---

① 国务院《关于加强粮食管理稳定粮食市场的决定》，1988 年。

户，彻底放开粮食收购市场，允许符合条件的多种所有制经济主体从事粮食收购（叶兴庆，2002）。随着改革的推进，粮食种植面积和产量开始下滑，部分学者对粮食直补的效用质疑，认为应该构建一个由直接补贴、价格支持和生产补贴组成的完整政策体系（李成贵，2004）。在此背景下，我国在放开粮食收购市场的过程中，相继建立主要粮食品种的托市收购政策。现有粮食价格形成机制中政府的影响十分明显，关于此阶段粮食价格领域政府干预的依据、方式及影响等方面的研究逐步拓展开来。

2.2.1 政策干预粮食价格形成的依据

考虑到粮食产业的特殊性和对经济社会稳定的极端重要性，世界各国政府无一例外地对粮食市场进行不同形式、不同程度的管制和支持（陶昌盛，2004）。具体而言，现阶段中国粮食价格支持政策的理论依据主要包括粮食产业的弱质性和外部性。

首先，多数学者认为粮食生产具有弱质性特征，这是由其生产特征和市场特征共同决定的。粮食生产是自然再生产和经济再生产相互交织的过程，易受到自然风险、经济风险和政策风险的多重影响，导致产业的稳定发展存在着较大的不确定性（姜太碧等，2002）。由于粮食产量和价格的波动呈"发散型蛛网"，若完全依靠市场配置资源，粮食生产将面临产量和价格波动带来的供给过剩和供不应求相交替的供求格局，影响粮食安全和社会稳定（肖国安，2005）。随着社会分工的扩大和新兴产业的出现，粮食产业与其他产业部门的收入差距逐渐拉大，粮食产业在经济活动中开始处于弱势地位，无法与其他产业竞争优势资源，素质较高的生产要素向高经济效益的产业部门转移。客观上来说，粮食部门自身也存在着投资效益低、周转速度慢、经营风险较大等不利因素，利益机制的驱动下最终导致粮食产业的相对衰落（王海修和杨玉民，2010）。因此，相对于其他产业部门，粮食产业具有明显的弱质性，完全依赖市场机制进行调节难以保障粮食供给和农户生产积极性。其次，粮食生产及粮食产业发展具有外部性特征。具体表现为，粮食生产为国家工业化积累资金、为工业提供廉价原料、为城乡居民提供赖以生存的食物（梁世夫和王雅鹏，2008）。粮食安全对于国家政权的稳定具有至关重要的作用（尤利群和范秀荣，2009）。

随着研究的推进，针对以上说法，有学者持不同的观点。高帆（2006）对农业弱质性提出了不同看法，认为农业弱质性是相对的，随着经济结构的转变，农业弱质性程度大体呈现出先增后减的"倒 U 形"趋势。因此，农业弱质性问题应在具体情况下讨论，不可忽视时间和空间的界定。张书海和郭梦瑶（2012）以相对劳动生产率作为粮食生产弱质性的测量指标，测算 1978 年以来中国粮食生产弱质性程度的变化趋势及其对经济增长和经济结构转变的影响，发现粮食生产弱质性程度的长期变化趋势取决于国家经济结构转型战略。另外，有学者对"谷贱伤农"的说法产生怀疑，提出 1983—2013 年粮食增产期间，农户种粮人均纯收入不仅不减反增，并指出农业技术进步、农村剩余劳动力非农转移、粮食需求刚性上涨等方面的跟进使得"谷贱伤农"的情况得到缓解（朱振亚和王树进，2016；武舜臣等，2016）。

综合上述研究可以看出，尽管政府对粮食价格形成的干预持续升级，但学者们对价格干预的理论依据仍存在分歧。

2.2.2 政策干预粮食价格形成的途径

从供求基本面角度看，粮食价格支持政策主要通过干预粮食供给来影响粮食市场价格的形成，具体来看，可分为价格预期影响和储备调节两大方面。

2.2.2.1 价格预期与粮食生产

所谓"预期"是指当事人通过对未来时间发展情况进行估计和判断，继而进行行为决策。预期理论经过不断发展和延伸，目前主要分为静态预期、外推型预期、适应性预期和理性预期等几种类型。静态预期假定行为当事人仅以过去发生的情况为参照来估计和判断未来的经济形势。外推型预期则通过该经济变量所显示出的变化方向或变化趋势来估计和判断经济走势。适应性预期是指经济主体根据自己过去进行预期决策时所犯的错误程度来修正以后每一期的预期。适应性预期模型考虑到预期者从自身过去预期失误中吸取教训的缺陷，因此具有较强的解释力，是农产品供给模型的基础。农产品动态供给反应的开创性贡献源于 Nerlove（1956）的研究，以适应性预期为基础，Nerlove（1958）供给反应模型被国内外农产品动态供给反应的研究广泛借鉴。农户对价格政策的供给行为表现为根据预期价格与实际出售价格之间的差异来调整粮食种植行为（Ball 等，2003）。Anwarul 和 Arshad（2010）利用该模型对孟加拉国马铃薯生产的供给反应进行研究，发现价格政策对马铃薯这种出口导向型产业的发展具有重要作用。Rezitis 等（2013）实证研究了欧盟共同农业政策改革下希腊牛肉市场供给反应。Rahji 等（2013）运用供给反应模型考察了尼日利亚水稻生产对价格所作的反应情况。国内学者郑毓盛等（1993）、王德文和黄季焜（2001）、华奕州和黄季焜（2017）分别利用相关数据对价格双轨制下农户生产供给反应进行研究，发现定购数量和定购价格会形成预期继而对粮食产出产生影响。司伟和王秀清（2006）应用 Nerlove 模型测算收购价格对糖料供给的影响。

自 2004 年实施价格支持政策以来，针对最低收购价政策和临时收储等价格支持政策的供给反应的研究成为了热点，学者们对此进行了充分而全面的定量研究，但研究结论并未达成统一。刘克春（2010）通过对江西省农户的调查发现，最低收购价政策以粮食生产收入预期为中介变量，调节了种粮农户的粮食种植决策，促进了粮食种植面积的扩大。张爽（2013）基于农户供给行为理论和价格预期理论，建立了主产区早籼稻和混合麦的供给行为模型，实证结果表明，政府每年公布的最低收购价是影响主产区农户粮食供给的主要因素之一，最低收购价通过价格预期引导粮食生产决策。然而，陈飞等（2010）就农业政策对粮食作物播种面积的影响进行了实证分析，结果表明，预期价格水平对粮食产量的影响相对偏弱，市场经济的杠杆作用并不明显。同样，钟钰和秦富（2012）基于 2004—2006 年稻谷主产区样本数据，运用倍差分析方法考察了价格支持政策对稻谷生产的影响，研究发现，价格支持政策对稻谷播种面积并未显现出促进作用。可见，关于价格支持政策是否能通过价格预期对种粮农户生产行为产生影响，还未达成共识。

2.2.2.2　粮食储备与粮食价格调控

粮食临时储备是价格支持政策的配套措施。政府通过储备和吞吐机制来维持政策价格的稳定，以避免粮食市场价格和供给量的大幅波动。因此，即使在 2007—2008 年国际粮食价格出现大幅波动的背景下，国内粮食价格依然能够保持较低的波动率，平稳运行（李光泗和郑毓盛，2014）。2010 年，国内粮食价格在流动性过剩、部分品种减产、需求刺激等市场因素的共同作用下快速提升。为了稳定市场预期，中储粮释放了 4 884.14 万吨政策性粮油储备，以避免市场价格和产量的大幅波动（程国强，2016）。然而，对于粮食储备平抑市场价格波动，学术界存在相互对立的观点。仰炬等（2008）提出，通过粮食储备的吞吐来调控市场粮价需要满足一定的前提条件，即国内外粮食市场不存在长期均衡关系，否则储备调控将因粮食进出口贸易而失去对粮食价格的调控能力。钟甫宁（2011）也提出，尽管粮食储备可以吸收生产和市场短期波动，保持供应和价格的稳定，但另一方面也可能延缓市场价格的信号作用，最终将局部、短期的供给不足累积成巨大的市场波动，此时粮食库存调控反而可能成为日后粮价大幅上涨的原因。政策储备是粮食价格支持政策调控的实现方式之一，但从实现效果来看，现有研究未形成一致的结论。

2.2.3　政策干预粮食价格形成的效果

粮食价格支持政策在我国粮食价格形成机制中发挥了一定的作用。结合我国的国情，国内学者对我国现阶段实施的粮食价格支持政策的诸多问题进行了深入研究，取得了许多重要成果。就价格支持政策的实施效果而言，可从直接影响和间接影响两个方面进行阐述。直接影响主要是指价格支持政策对粮食市场价格波动的平抑效应及对市场价格信号的扭曲效应。间接影响主要体现在价格支持政策对粮食产量和农户收入的影响。大量研究发现，价格支持政策在调动农户种粮积极性、促进粮食生产稳定发展、平抑粮食价格波动、保障粮食安全等方面发挥了重要作用（张建杰，2013；谭砚文等，2014；蒋和平，2018）。然而不可否认的是，政策在发挥增产增收效应的同时也带来一系列弊端。从粮食市场形成机制层面来看，这些弊端主要表现为粮食市场价格的扭曲问题（李经谋和杨光焰，2008）。粮食市场价格波动与市场间价格传导是价格问题的两个方面，下面将分别从政策干预对粮食价格波动和价格传导的影响两方面入手，对相关研究进行分类和总结。

2.2.3.1 平抑粮食价格波动

学者们分别从定性和定量研究的角度出发，对粮食价格支持政策平抑市场价格波动的效果进行了讨论。施勇杰（2007）分析指出，由于最低收购价政策的存在，粮食增产并未带来粮食价格的下跌，因此政策具有稳定粮食价格的功能。贺伟（2010）在分析最低收购价政策的执行效果时指出，该政策充分发挥了市场托底和稳定粮价的作用。谭砚文等（2014）在评价中国粮食市场调控政策的实施绩效时指出，政策性收购在稳定市场预期、抑制市场投机、减缓国际粮食市场冲击等方面发挥了重要作用，有助于保持国内粮食市场的稳定。同时，他们也指出，价格支持政策通过维持粮价上涨的预期达到稳定市场的目的，但这隐含着较高的市场风险。以上学者仅在理论分析层面分析了政策的稳价功能，另有学者从定量分析的角度对此进行了实证研究。朱海燕和司伟（2015）通过构建小麦局部均衡模型进行结构分析和情景模拟，发现最低收购价政策是稳定小麦市场价格波动的重要因素。周洲和石奇（2018）对稻谷、小麦和玉米的价格数据进行回归分析，发现政策支持是我国粮食价格上涨的主要原因。李雪等（2018）利用小麦现货与期货价格数据，将最低收购价政策作为虚拟变量引入GARCH模型，结果发现政策作用能够显著降低小麦现货市场价格波动。王力和孙鲁云（2019）采用双重差分方法对最低收购价政策是否能够稳定粮食价格波动的问题进行了检验，结果发现，该政策的实施显著降低了政策执行省份小麦价格的波动率，且政策长期效果比短期效果更明显。总而言之，学者们对于粮食价格支持政策平抑市场粮价波动的影响基本达成了共识，即价格支持政策的存在能够发挥平抑市场价格波动的功能。但这一效果是通过维持粮价高位运行的预期实现的，本身存在巨大的市场风险。

2.2.3.2 扭曲价格信号

随着政策的持续推进，部分学者指出，市场化取向的粮食流通体制改革在实际执行过程中却出现了价格形成机制的逆市场化和逆国际化现象，这在中长期内导致了粮食市场价格体系的全面扭曲（程国强、朱满德，2013；蒋和平，2018；黄季焜，2018）。这种扭曲作用主要表现在市场价格传导[①]上。

从国内粮食产业链的角度看价格垂直传递，洪岚（2009）以北京市为例，研究了粮食供应链各交易节点的价格联动，发现原粮收购价格与成品粮批发价格之间存在显著的价格联动关系。然而，随着价格支持政策的持续推进，原粮收购价格与成品粮批发价格之间的联动效应开始发生变化。学者们纷纷指出粮食市场出现"稻强米弱"和"麦强粉弱"的成品粮价格与原粮价格倒挂现象，并试图解释这一现象。丁声俊（2014）指出，"稻强米弱"的深层次根源是价格支持政策扭曲了大米市场价格形成机制。赵霞等（2014）运用市场结构理论分析我国稻谷收购市场和大米批发市场价格波动差异，认为稻谷托市收购价格政策的实施进一步加强了稻谷收购市场的价格控制力，导致稻谷收购价格和大米批发价格相背离。徐春春等（2017）基于早籼稻收购价格和早籼米批发价格数据，分析了"稻强米弱"的主要原因，指出国家粮食托市收购政策是导致该现象的主要原因之一。武舜臣和王金秋（2016）以纵向价格双轨制为框架，结合政府粮食价格调控政策，从价格形成机制角度对"稻强米弱"成因进行了分析。宋亮（2018）以小麦市场为例，分析了价格支持政策转换条件下小麦产业链各环节主体的福利变化。刘婷等（2019）通过国内稻米市场和大豆市场产业链纵向整合情况的对比分析，发现稻谷收购价格和大米批发价格对正向冲

---

① 价格传导关系有三种类型：不同地区、不同市场的空间价格传导，同一产业链上的垂直价格传导和不同产品之间的横向价格传导。

击和负向冲击的反应存在非对称效应，并指出稻谷市场价格调控政策是市场间纵向整合程度差异的重要原因。价格支持政策的实施导致粮食收购价格的刚性上涨特征明显，下游粮食加工企业的成本上升，制约了其健康有序的发展，进而影响了我国工业化和城镇化进程（詹琳和蒋和平，2015；徐振宇等，2016）。

从国内外粮食价格空间传递来看，学者们从不同视角出发，运用不同的方法对政策干预下国际与国内粮食市场价格的联动关系进行了丰富且有益的探索。肖小勇等（2014）运用四大主要粮食品种的价格数据考察国际粮食价格对国内粮食价格的溢出效应，发现国际大米、小麦和玉米的价格对国内市场不具有显著的波动溢出效应，并指出政府干预是导致这一结果的主要原因。柳苏云等（2016）通过构建贝叶斯DCC‐GARCH模型，定量分析了国内外大豆期现货价格的波动特征及其相关性，发现价格支持政策会引发市场分割，使得大豆现货市场与其他市场的关联度降低。韩磊（2018）研究发现，国内外稻谷、玉米和大豆价格具有非对称协整关系，认为应该改革粮食价格支持政策，以提高国内粮食价格的竞争力。贾娟琪等（2016）利用VEC‐DCC‐GARCH模型研究了小麦、玉米和稻谷市场的国内外价格波动关系，结果表明中国粮食价格支持政策削弱了国际价格对国内价格的均值溢出效应，且国内外粮食价格的相关关系持久性减弱。李光泗等（2018）利用国内外四大粮食品种的价格数据剖析了各品种国内外价格间的溢出效应，发现贸易格局转变形势下，国际粮食价格对国内粮食价格的波动溢出效应被强化，而价格调控化解了这种溢出效应。

从粮食期现货市场价格传导效果来看，部分学者对粮食期货市场和现货市场之间的价格传导情况进行了研究，并从政策干预角度对价格传递特征进行了解释。朱海燕（2015）运用BEKK‐GARCH模型分析了小麦期现货价格之间的传递效应，结果表明小麦期货价格的发现功能较低，期货市场对现货市场的溢出效应不明显，认为该现象与最低收购价政策有关。杨惠珍等（2017）以小麦和玉米市场为例，分析了当前我国粮食期货市场价格发现功能的有效性问题，结果表明，小麦期货与现货价格不存在长期协整关系，价格发现功能有效性不高，进一步分析指出，粮食最低收购价格政策的实施可能是该现象的原因之一。张有望和李剑（2017）以小麦、稻谷、玉米和大豆为例，运用 BEKK - GARCH 模型考察了国内粮食期现货价格波动溢出效应，结果显示我国粮食期现货价格之间存在价格波动溢出效应，但溢出程度存在品种间差异，主粮作物（小麦、稻谷和玉米）的溢出效应较弱，而非主粮作物（大豆）的溢出效应较强，认为政策调控思路和力度的差异是形成主粮与非主粮作物溢出效应差异的主要原因。

此外，学术界对于粮食价格支持政策的其他政策效应也进行了广泛而深入的探索，如粮食价格支持政策对粮食可持续发展能力、粮食全要素生产率、土地流转、农户收入及收入差距的诸多影响（贾娟琪等，2019；廖进球和黄青青，2019；宋亮等，2019；台德进和蔡荣，2023），同时还探讨了新冠疫情冲击下价格支持政策对粮食安全的影响（刘耀彬和钱文婧，2023；张泽丰，2022）。这些研究对于评价和完善粮食价格支持政策具有重要意义。考虑到政策效应分析不是本研究的主要目标，在此不再进行梳理，将在后续章节中根据需要进行总结。

2.3 简要述评

粮食价格的形成是影响和约束粮食价格的各种力量相互作用、相互制约的过程，市场化条件下影响粮食价格形成的主要因素包括：生产成本、供求基本面、期货市场价格及国际市场价格。基于此，本章以粮食价格的形成机制为研究主题，从一般情况下和价格干预情况下两个方面对粮食价格形成机制的相关研究进行总结和归纳。现有研究运用多种方法，从不同视角对粮食价格形成进行研究，并从不同市场间价格传递及粮食产业链垂直传递的角度证实价格支持政策对粮食价格形成具有不同程度的扭曲效应，这为本研究深入分析价格支持政策对粮食市场价格形成的干预机制和干预方式提供有益的参考和借鉴。然而，具体来说，现有成果仍存在以下两点不足，有待完善：

第一，现有文献对粮食价格支持政策的扭曲效应进行了定性和定量分析，但是无论是定性分析还是定量分析，都缺乏对扭曲或干扰机制的深层次的理论分析。在定性研究中，学者们大多通过直观的数据统计和现象描述来分析和总结政策干预的信号扭曲效应。在定量研究中，学者们则对价格水平和价格波动的市场间传递进行实证检验，总结粮食价格传递的现实特征，并试图从政策干预的角度对价格传递效果进行解释。因此，无论是定性研究还是定量研究，都缺乏对这种政策干扰机制的深入分析，造成当前粮食价格传递的相关研究缺乏一定的理论基础，研究结论也缺乏一定的说服力。

第二，现有研究主要针对一个或两个价格热点问题进行分析和探索，研究问题相对独立，没有形成一个完整、坚实的能够反映粮食市场内部复杂关系的理论框架，缺乏对粮食价格形成机制全面性、系统性的分析。粮食价格的形成是影响价格的各方面因素共同作用的结果，既包括生产成本和供求基本面等基础性因素，也包括期货市场和国际市场等外部因素。因此，价格支持政策对粮食价格市场化形成机制的影响研究需要涉及多方面的讨论，且各方面相互影响、相互推动，应该全面考虑。因此，对粮食价格市场化形成机制及价格支持政策对粮食价格形成的影响研究有待进一步深化。

针对以上有待完善之处，本研究拟建立一个市场化条件下的粮食价格形成机制框架，并在此框架内逐一分析价格支持政策干预对粮食价格形成机制的影响。

价格支持政策影响粮食价格
形成的逻辑框架

粮食价格是调节市场供求的重要信号，探索粮食价格形成机制兼具学术价值和实践意义，是理论界和相关部门关注的热点问题。为了使本研究能够顺利开展，本章首先对价格支持政策的演变过程进行梳理，然后对市场化条件下粮食价格形成的一般情况进行考察，以此作为逻辑起点，分析价格支持政策影响粮食价格形成的干预路径，从而形成本研究的理论框架，为后续的实证分析建立必要的理论基础。

3.1 中国粮食价格支持政策

3.1.1 中国粮食价格支持政策演变的总体脉络

从新中国成立以来，至改革开放的这一段较长的历史时期内，为支持工业和城市的发展，我国的粮食政策采取的是由政府定价、统购统销的策略。在这一策略下，统购价格通常低于市场均衡价格，国家通过将农业剩余向工业转移的方式支持工业发展。改革开放后，为改变农业落后、农户生活水平低的状况，国家开始实施家庭承包经营制，而粮食的策略则是在继续实行统购统销制度的基础上，提高统购和超购价格，并逐年缩小粮食统购数量，统购之外的粮食由市场定价（华奕州和黄季焜，2017）。粮食价格支持政策是农业支持政策的重要组成部分，是矫正粮食生产外部性和弥补粮食产业弱质性的重要工具。改革开放后的粮食价格支持政策大致可分为三个阶段。

第一阶段是购销"双轨制"阶段（1985—1992 年）：国家定购、市场议购下的价格双轨政策。由于粮食生产供应形势的变化，原本的统购统销政策给财政造成了巨大的压力。为应对这一压力，国家决定放松对粮食生产流通环节的管控，开始进行市场化的初步探索，引入市场调节机制，将粮食价格支持政策调整为"合同订购＋市场化收购"，形成国家定购价和市场议购价并行的购销双轨制度。在粮食商品总量中，一部分的收购数量、收购方式和收购价格由政府确定，而另一部分的收购数量、收购渠道和收购价格则由市场供求状况决定。购销"双轨制"政策对我国市场化改革意义重大，其本质是我国粮食价格支持政策由统购统销的计划经济向市场经济的过渡，目的是减弱政府干预力度、强化市场定价功能，为探索推进粮食市场化改革奠定基础。

第二阶段是保护价收购阶段（1993—2003 年）：国家宏观指导下的最低保护价政策。随着经济社会的发展和粮食供求关系的变化，政府逐渐意识到，我国以小农户为主体的农业经营模式无法完全依赖市场机制，需要政府适当的干预。这一阶段，为了配合国有粮食企业改制和减轻财政压力，国家在继续增强市场化机制作用的同时，设定了最低保护价格，以稳定农户种粮积极性。1990 年，国务院颁布《关于建立国家专项粮食储备制度的决定》，提出实行保护价收购政策，要求各地向农户收购议价粮时，价格不得低于国家规定的保护价。1993 年，政府进一步要求地方应尽快制定粮食收购保护价制度，但受限于当时的条件和时机，保护价制度发挥的作用较为有限。1994—1996 年，由于市场粮价持续高于国家定购价，农户向国家交售粮食的意愿不高，政府三年内两次提高粮食收购价格，增幅分别达到 45％和 40％，并逐步建立了粮食专项储备制度、风险基金制度、"米袋子"省长负责制、粮食收购资金封闭式管理等长效机制。1997 年，国家要求各部门按照保护价敞开收购粮食，主要内容为：由政府事先制定保护价，当市场价高于保护价时，国有粮食收储企业按照市场价收购；当市场价低于保护价时，则按照保护价收购。保护价收购政策是在取消粮食定购任务之后出台的，旨在提高农户种粮意愿和减轻财政负担的双目标农产品价格支持政策。保护价与统购价格的区别在于，保护价按照高于丰年的市场均衡价格制定，而统购价格则是按照低于市场均衡价格设定。因此，保护价的实施具有价格支持政策的基本内涵，但政策的干预对市场价格形成机制具有扭曲效应。

第三阶段是粮食购销市场化阶段（2004 年至今）：国家托市下的最低收购价与临时收储政策。为减轻财政负担和收购压力，政府围绕提高粮食企业经营效益和提升企业政策执行效率两个方面进行了一系列的改革。政府开始减少保护价收购的粮食数量，缩小保护粮品种范围和政策实施地域，降低保护价格，并优化粮食品种结构。2004 年 5 月 23 日，国务院颁布《关于进一步深化粮食流通体制改革的意见》，提出要转换粮食价格形成机制，充分发挥价格的导向作用。当粮食市场供求严重不匹配时，为保证市场供应和稳定农户收益，必要时可由国务院决定对短缺的重点粮食品种在主产区实行粮食最低收购价政策。5 月 26 日，国务院发布《粮食流通管理条例》，对粮食收购、销售、储存等经营活动进行了规范，标志着我国粮食流通管理工作进入依法行政的新阶段。由于稻谷连续四年产不足需，政府在当年出台了早籼稻最低收购价政策，随后两年时间里，政策实施品种扩大至中晚籼稻、粳稻和小麦，实现了基本口粮的全面覆盖。2006年，粮食流通体制改革进入新时期，《关于完善粮食流通体制改革政策措施的意见》对不实行最低收购价的主要粮食品种进行了规定。当粮食市场因供大于求导致价格大幅下跌时，政府部门应及时有效地采取措施调节市场供求关系，避免出现农户"卖粮难"现象，防止"谷贱伤农"。2007 年和 2008 年，我国又出台了玉米、大豆和油菜籽等临时收储政策。临时收储政策与最低收购价政策基本无异，不同之处在于，临时收储价格在作物即将收获时公布，最低收购价格在粮食播种前公布，政府按照临储价格储存玉米等农产品。2014 年和 2016 年国家相继取消了大豆和玉米的临时收储政策，启动"价补分离"市场化改革，将玉米调整为"市场化收购＋生产者补贴"制度，玉米价格随行就市，政府根据种植面积对种植者进行补贴，而大豆实行"目标价格"制度。但由于"目标价格"难以确定，并且增大了农户种植决策难度，最终国家于 2017 年调整大豆"目标价格"制度，建立与玉米相同的"生产者补贴"制度。相较于保护价收购，以最低收购价和临时收储为主的托市收购政策及目标价格政策均进一步明确了政策实施品种、启动时机、启动范围，对特殊品种在特殊时期发挥作用，目的是降低价格支持政策对粮食市场价格的干预程度，发挥市场在资源配置中的决定性作用。

3.1.2 中国粮食价格支持政策演变的内外部特征

从上述发展脉络可以看出，我国的粮食价格支持政策处于不断调整和完善的过程中。每一次的改革都是对外部环境、发展目标等因素变化的回应。具体而言，其发展特征可总结如下：

内部特征：政府干预力度不断减弱。"双轨制"政策是我国粮食价格支持政策由计划经济向市场经济转变的过渡与转折，由全部统购到按比例进行市场议购，政策意图将资源配置功能逐步交还市场。在保护价收购阶段，政府取消了统购统销，继而采用最低保护价格收购的方式稳定农户种粮积极性，政策干预方式从直接变为间接，旨在鼓励市场交易的同时提供政策价格保护。然而，由于保护价格的设定通常高于市场均衡价格，这扭曲了市场价格信号。在托市收购阶段，政府进一步深化了粮食购销领域市场化改革，用最低收购价格取代了最低保护价格，不同之处在于最低收购价格的决定对于保护品种、保护范围、保护条件的规定更为具体和明确，实现了从"全面保护"到"重点保护"，再到"适时保护"的策略调整。因此，以最低收购价政策和临时收储政策为主的粮食价格支持政策是在粮食流通体制市场化改革背景下提出的，其实施过程最能反映政策干预与市场价格形成之间的互动效应。

外部特征一：粮食市场体系不断完善。在"双轨制"时期，以粮食集贸市场的形成为标志，粮食市场进入恢复发展阶段。随着粮食统购统销制度的取消，粮食集贸市场的交易量进一步增长，粮食集贸市场和批发市场有了一定的恢复和发展。然而市场发育仍然是在计划经济体制总体格局下展开的，粮食供求以行政调节为主，市场交易方式仍比较低级，市场对粮食资源的配置作用有限。在保护价收购时期，我国粮食市场进入了较快发展阶段，多业态并存。1990年，由国务院批准的较高层次的粮食市场——中国郑州粮食批发市场应运而生，标志着我国粮食批发市场进入了规范发展阶段，该市场在粮食宏观调控、促进价格形成、合理配置粮食资源、促进形成大市场大流通中发挥了重要作用。1993年，郑州商品交易所建立，我国粮食交易的高级形式——期货交易的出现，标志着涵盖集贸、批发和期货交易的我国粮食市场体系基本框架结构形成。此外，粮油超市、连锁店、电子商务等业态逐渐发展起来，市场流通效率得到提高。粮食价格逐步由市场主导形成，市场配置粮食资源的作用有所增强。2004年，国家全面放开粮食购销市场，这一阶段粮食市场体系初步形成，全国各地加大了粮食市场主体的培育力度，加强粮食市场的引导和管理，推动了各类粮食市场的快速发展，初步形成了涵盖粮食生产、收购、批发、零售、期货等环节的粮食市场体系。至此，我国初步建立了包含多元市场主体、多种交易方式、多层次市场结构在内的粮食市场体系，市场成为粮食价格形成的主导力量。

外部特征二：粮食市场的对外开放程度不断提高。与"双轨制"时期和保护价收购时期相比，托市收购阶段的显著特点之一就是市场开放程度的差异。以2001年中国加入WTO为标志，我国实施全面对外开放战略，农业对外开放格局基本形成。加入WTO以来，我国农业不断拓展对外开放的广度和深度，粮食贸易量和贸易额持续增长，中国农业与国际市场的联系日益紧密，粮食国际贸易从顺差转入逆差，逆差规模不断扩大并成为常态，开放型的农业体系初步形成。粮食市场的对外开放将打破长期以来形成的中国粮食市场价格与行政措施干预下的供需均衡机制，粮食价格的形成将更趋复杂。

综合以上分析，对比改革开放以来粮食价格支持政策发展演变的三个阶段可以看出：在"双轨制"时期，粮食市场化程度和对外开放程度较低，市场体系也尚未健全；在保护价收购时期，粮食市场的市场化程度有所提高，市场体系逐步完善，但对外开放程度仍然有限；而在托市收购时期，粮食市场的市场化程度、市场体系的完善程度，以及市场的对外开放程度都有了显著提升。托市收购时期的粮食价格形成机制是最复杂的，是诸多市场信息的碰撞和政策措施干预的结果。据此，本研究将聚焦于2004年后以最低收购价和临时收储为代表的粮食价格支持政策。这一阶段更能反映市场力量与政府干预共同作用下的供需均衡情况，因此，研究结论将更具代表性。

3.1.3 本研究中的粮食价格支持政策

3.1.3.1 政策内容

2004年，我国对粮食流通体制进行了改革，全面放开粮食收购和价格，实行粮食购销市场化和市场主体多元化[①]。自此，粮食收购价格由市场形成[②]，这对中国粮食流通体制改革具有里程碑式意义。此阶段的粮食价格支持政策主要包括2004年和2006年先后启动的稻谷和小麦最低收购价政策，以及2008年启动的玉米、大豆、棉花临时收储政策。

最低收购价政策是一种以政府定价为核心的价格支持政策，这种政策在发达国家也有长期实施的历史。其基本原理是政府在粮食播种前公布当期政策收购价，若当期市场粮价低于这个价格，由国家按照政策价格在市

---

① 2004年中央1号文件《关于促进农户增加收入若干政策的意见》提出"深化粮食流通体制改革，全面放开粮食收购和销售市场，实现购销多渠道经营"的要求，同年5月国务院下发了17号文件《关于进一步深化粮食流通体制改革的意见》，颁布施行了《粮食流通管理条例》，决定全面放开粮食购销市场，积极稳妥推进粮食流通体制改革。

② 尽管政府放开粮食收购市场和收购价格，但最低收购价格政策的实施也为政府干预粮食市场预留了一定的空间，即"一般情况下，粮食收购价格受市场供求影响，国家在充分发挥市场机制作用的基础上实行宏观调控，必要时由国务院决定对短缺的重点粮食品种，在粮食主产区实行最低收购价格。当市场粮价低于国家确定的最低收购价时，国家委托符合一定资质条件的粮食企业，按国家确定的最低收购价收购农民的粮食"。

场敞开收购原粮并储存，以减少市场供给的方式促进粮价回升；当市场粮价高于政策价格时，则通过在批发市场公开拍卖或定向投放的方式将临时储备粮食输入市场，增加粮食市场供给，从而平抑价格。最低收购价格的设定通常是政府综合考虑粮食生产成本、市场供求、国内外市场价格和产业发展情况等多方面因素的结果。最低收购价政策具有"四特"的特点：一是特定情形，只有粮食供求发生重大变化时才实行，正常情况下不启动；二是特定品种，稻谷和小麦作为口粮品种，是政策保护的重点，一般品种不实行；三是特定地区，只在稻谷和小麦主产区实施敞开收购，其他地区不实施；四是特定时间段，最低收购价格的发布时间在粮食播种之前，且仅在预案规定的时间实施政策收购，其他时间段不实施。

临时收储政策是国家为了解决部分重要农产品价格下跌和"卖难"问题，针对玉米、大豆、油菜、棉花等农产品在其主产区临时实施的价格支持政策，其中玉米和大豆的临时收储政策主要在内蒙古、吉林、辽宁和黑龙江等地实施。临时收储政策本质上是中央与地方博弈的结果（叶兴庆，2017a）。从 2004 年粮食流通体制改革的宗旨看，中央本不想扩大粮食最低收购价政策的实施范围，但地方政府出于地方利益考虑，请求中央将当地重要粮食品种纳入国家托市收购计划，并由中央财政承担费用。在此利益博弈的过程中，中央出台了类似于最低收购价政策的临时收储政策。与最低收购价政策一样，临时收储政策同属于中央事权，由中央财政承担费用。不同之处在于，临时收储价格是在粮食即将收获时公布，且临时收储的收购量是自上而下分配的，但是在政策执行过程中，也逐渐演变为敞开收购。

政策性粮食临时收储是储备体系的一个重要组成部分，是托市收购政策的配套措施。临时储备粮作为周转性储备，其库存规模取决于当年托市政策实施情况。如图 3.1 所示，在市场粮价低于托市价格时，由国家按照托市价格入市收购原粮，以减少粮食供给量的方式促进市场粮价合理回升；而在粮价过高时，则根据市场需求，通过批发市场公开拍卖、定向投放等方式将临时储备粮投放市场。价格支持政策通过价格调控和数量调控相结合的方式平抑粮食市场价格波动，保障粮食生产的正常进行。

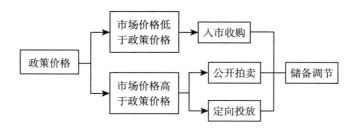

图 3.1　粮食价格支持政策运行方式

3.1.3.2　执行情况

从稻谷最低收购价格政策的执行情况来看，政策实施之初，早籼稻、中晚籼稻和粳稻的最低收购价格分别为 1.40、1.44 和 1.50 元/千克（表 3.1）。在 2006 年和 2007 年，稻谷的政策收购价格保持不变。然而，2008—2014 年，稻谷最低收购价格连续 7 年提价，早籼稻从 1.54 元/千克上涨至 2.70 元/千克，中晚籼稻从 1.58 元/千克上涨至 2.76 元/千克，粳稻从 1.64 元/千克上涨至 3.10 元/千克，早籼稻的累积提价幅度为 93%，中晚籼稻的累积提价幅度为 92%，而粳稻的累积提价幅度最高，达到 107%。

从小麦最低收购价政策的执行情况来看，2006 年白小麦最低收购价为 1.44 元/千克，2007 年维持不变；自 2008 年开始，白小麦和红小麦最低收购价格持续上涨，2009—2014 年，白小麦和红小麦连续 6 年提价。

从玉米临时收储政策的执行情况来看，2008 年 10 月，我国玉米主产区首次启动了玉米政策性临时收储，临储价格为 1.50 元/千克。随着政策推进，临时收储政策逐步偏离了"临时"的初衷，演变为刺激相关农产品生产的政策工具。2010—2013 年，玉米临时收储价连续 4 年提高，累积提价 49%（表 3.1）。玉米临时收储政策执行之初，由政府制定计划收储数量，2008 年共计收储玉米 3 000 万吨。从 2009 年开始，对玉米主产区的四省实施了敞开收购政策。直至 2016 年，政府取消了玉米的临时收储政策。

表 3.1   2004—2022 年主要粮食品种收购政策及政府干预价格

单位：元/吨

年份	最低收购价格						临时收储价格	
	早籼稻	中晚籼稻	粳稻	白小麦	红小麦	混合麦	玉米	大豆
2004	1 400	—	1 500					
2005	1 400	1 440	1 500					
2006	1 400	1 440	1 500	1 440	1 380	1 380		
2007	1 400	1 440	1 500	1 440	1 380	1 380	—	—
2008	1 540	1 580	1 640	1 540	1 440	1 440	1 500	3 700
2009	1 800	1 840	1 900	1 740	1 660	1 660	1 500	3 740
2010	1 860	1 940	2 100	1 800	1 720	1 720	1 700	3 800
2011	2 040	2 140	2 560	1 900	1 860	1 860	1 980	4 000
2012	2 400	2 500	2 800	2 040	2 040	2 040	2 120	4 600
2013	2 640	2 700	3 000	2 240	2 240	2 240	2 240	4 600
2014	2 700	2 760	3 000	2 360	2 360	2 360	2 240	已取消
2015	2 700	2 760	3 100	2 360	2 360	2 360	2 000	已取消
2016	2 660	2 760	3 100	2 360	2 360	2 360	1 674	已取消
2017	2 600	2 720	3 000	2 360	2 360	2 360	已取消	已取消
2018	2 400	2 520	2 600	2 300	2 300	2 300	已取消	已取消
2019	2 400	2 520	2 600	2 240	2 240	2 240	已取消	已取消
2020	2 420	2 600	2 540	2 240	2 240	2 240	已取消	已取消
2021	2 440	2 600	2 560	2 260	2 260	2 260	已取消	已取消
2022	2 480	2 610	2 580	2 300	2 300	2 300	已取消	已取消

数据来源：根据历年《小麦最低收购价执行预案》《早籼稻最低收购价执行预案》《中晚稻最低收购价执行预案》整理所得。

自 2008 年国际粮食危机爆发以来，价格支持政策历经了"提价-稳价-降价-提价"的多次调整。长期实施的价格政策将会如何影响粮食市场价格的形成，是需要进一步探索的问题。为此，本研究将构建理论分析框架，系统分析不同情境下粮食价格的形成机制，以及价格支持政策干预对粮食价格形成的多重影响路径。

3.2 市场力量主导下粮食价格形成分析

价格是商品价值的货币表现，并受市场供求关系的影响围绕商品价值上下波动。同理，粮食价格是粮食这一商品价值的货币表现形式，并受粮食市场供求关系影响围绕粮食价值上下波动。粮食价格的形成实际上是粮食价格与社会再生产运动各环节、各要素之间有机联系、相互作用、相互制约的过程与方式，也即影响和约束粮食价格的各种力量作用之总和。在市场化条件下，粮食价格形成涉及的影响因素繁多，这些因素共同构成一个复杂的经济社会系统。为了更加清晰明了地表现粮食价格形成问题，本研究结合现有文献和粮食市场实际情况，并参考系统动力学的研究方法，将粮食价格形成视为一个整体系统，对粮食价格影响因素进行深入剖析并归类，进而将其划分为 3 个子系统：要素市场系统、期货市场系统及国际市场系统。这 3 个子系统通过影响粮食供给和需求，或者直接影响粮食价格的方式构成粮食价格形成的基本结构，如图 3.2 所示。下面将分别阐述粮食价格形成的系统结构与各子系统的影响路径。

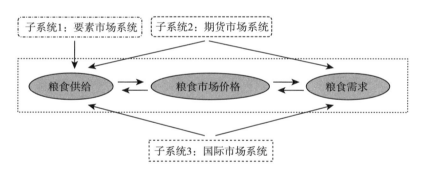

图 3.2　粮食市场价格形成的基本系统结构

3.2.1 封闭条件下粮食市场价格形成

封闭条件下的粮食市场是指不考虑粮食进出口贸易、期货市场引导及价格政策调控因素影响的市场，粮食市场的均衡仅受粮食供给和粮食需求的影响。粮食需求包括口粮、饲料用粮、工业用粮和种子用粮四种，又可分为直接需求和间接需求。直接需求主要指口粮消费需求，其受国内人口状况、居民收入状况、饮食消费结构等因素影响。间接需求包括饲料用粮、工业用粮和种子用粮。从各粮食品种的消费结构看，小麦和稻谷是我国口粮消费的主要对象。根据 2010—2018 年粮食消费数据统计显示[①]，小麦的口粮消费量占其当年总产量的 70% 以上，稻谷的口粮消费量占其当年总产量的 80% 以上。随着人口增长趋缓及生活条件的改善，饮食结构发生变化，口粮消费需求在粮食总需求中的比重逐步下降，并由此带来了饲料用粮数量的稳步攀升。饲料用粮也称为肉禽奶蛋转化用粮消费，属于引致需求，目前是我国粮食需求的第二大来源，其中玉米的饲料用粮量占其当年总产量的 50% 左右。豆粕是我国蛋白质饲料原料，主要通过进口获得。工业用粮通常是指将粮食作为主要原料或辅料的生产行业用粮的统称[②]，其消费量仅次于口粮消费和饲料用粮，是一个重要的消费渠道。玉米的工业用粮消费占其总产量的 20%～30%，且呈现上涨态势。大豆作为工业用粮的第一大来源，主要用于压榨加工，占总加工用粮的近40%，多以进口大豆为主。种子用粮也是国内粮食需求的主要组成部分，相对于其他粮食消费需求，种子用粮的需求在年际间变化较小。其中，稻谷的种子用粮占比最高，占其当年产量的 6%～8%，小麦和玉米的种子用粮占比在 4% 上下波动，大豆占比约为 6%。此外，粮食产业链各环节损耗也是构成粮食需求的不可忽略的部分[③]。

从粮食市场供给的来源看，粮食供给量主要取决于国内粮食产量。国内粮食产量既受我国种粮农户的生产供给行为影响，也受到自然灾害等偶然性因素及技术进步等长期性因素的影响。从农户供给来看，粮食生产具

---

① 2010—2018 年，小麦、稻谷和玉米的生产量及口粮、饲料用粮、工业用粮、种子用粮各部分消费数量数据均来源于布瑞克农业数据库。

② 工业用粮主要是指利用粮食原料加工生产豆粕、植物油、饲料、乙醇燃料、调味品、药品等。生物质燃料生产的扩张是 2006—2008 年上半年世界粮食大幅上涨的主要原因之一（黄季焜，2009）。

③ 粮食在生产、加工、储藏、运输、消费等产业链各环节均存在一定的损耗。一般而言，粮食损失（Food Loss）指粮食实物量的减少或质量的下降，主要发生在供应链的前端，即生产和加工阶段，往往受客观的技术条件影响。粮食（或食物）浪费（Food Waste）主要发生在供应链末端，即零售和消费环节，主要受个人主观消费理念、习惯和方式的影响（Lundqvist 等，2008；Parfitt 等，2010）。随着我国粮食产量的增加，粮食损耗也随之上升。有研究表明，中国每年仅储藏、运输、加工等环节损失的粮食高达 350 亿千克以上，餐桌上浪费的粮食估计在 250 亿千克以上。据此估算，我国每年粮食损失浪费约占全国粮食总产量的 10%（樊琦和祁华清，2014）。

有周期性特征，粮食市场价格对粮食供给行为的影响具有显著的滞后特征，农户的生产行为主要受粮食生产预期价格的影响，而预期价格则取决于上一年度的粮食价格水平，即上一年度的市场粮价越高，本年度的粮食供给量就越多。因此供给和价格之间存在相互影响的机制。

另一方面，粮食生产成本直接关系到农户种粮收益，因此生产要素价格的变化会影响到农户生产供给行为。生产成本是指生产粮食所耗费的物化劳动和活劳动的货币表现，它反映了粮食生产中发生的除土地之外的各种资源耗费[①]。在成本核算体系中，生产成本通常由物质与服务费用和人工费用之和来表示。物质与服务费用是指在粮食生产过程中消耗的各种农资费用及购买各项服务的支出，具体包括农药、化肥、机械、种子、生产性服务等。人工成本是指粮食生产过程中家庭用工折价和雇工费用两部分。种粮成本过高将挤压农户种粮收益，因此种粮成本的高低，即生产要素价格和劳动力成本水平，会直接影响农户的粮食生产决策。粮食生产成本是粮食市场价格的定价基础，农户作为理性决策者，若粮食市场价格长期偏离生产成本，必将使其放弃粮食生产，转向具有经济效益的行业。以生产成本作为定价基础，也体现了价值理论在粮食价格形成机制中的理性回归。

封闭经济条件下，粮食市场价格形成以生产成本为基础，并由市场供求决定价格均衡水平。

3.2.2 期货市场引导下粮食市场价格形成

期货市场是一种接近于完全竞争的高度组织化、规范化的市场，期货交易所聚集众多买方和卖方，买卖双方将各自掌握的商品供求关系及变动趋势的信息集中到交易场所内进行交易。因此，期货市场的价格形成机制较为真实和完善，期货价格具有真实有效地反映现实商品的供求信息和价

---

① 粮食生产投入要素包括土地、劳动力和资本，因此粮食总成本即全部要素成本，也即生产成本和土地成本之和，本研究分析粮食生产成本时主要考虑的是生产成本。

格变动趋势信息的功能，最为接近粮食市场均衡价格，具有较高的参考价值。尽管粮食期货市场属于虚拟经济，不会直接影响实体经济中粮食的生产量和需求量。但作为价格发现工具，期货市场可通过信息传递形成价格预期，从而引导粮食现货市场价格。

蛛网理论是粮食市场价格形成机制的重要理论。根据供求相对弹性，可将其分为"收敛型蛛网""封闭型蛛网"和"发散型蛛网"3种类型[①]。粮食作为生活必需品，需求弹性和供给弹性均较小。尽管如此，受消费的常年性和生产的季节性特征影响，粮食商品的供给弹性大于需求弹性是客观存在的。按照西方经济学原理，当商品的供给弹性大于需求弹性时，这种价格波动呈"发散型蛛网"。

根据该理论，在只有现货市场的情况下，生产者将根据现货市场的产品价格预测未来产品价格 P_t，并决定本期产量 Q_t^s，上一期价格 P_{t-1} 决定本期价格预期 P_t^e，因此可用函数表示为：$Q_t^s = f(P_{t-1})$。对于需求者来说，本期需求 Q_t^d 是由本期价格 P_t 决定，用函数可表示为：$Q_t^d = f(P_t)$。根据上述假设条件，可通过联立方程表示粮食市场均衡：

$$\begin{cases} Q_t^s = \alpha + \beta P_{t-1} \\ Q_t^d = \delta - \gamma P_t \\ Q_t^d = Q_t^s \end{cases}，其中 \alpha、\beta、\delta、\gamma 均为常数，且大于零。$$

此时，粮食市场均衡如图 3.3 所示。S 为供给曲线，D 为需求曲线，粮食供给弹性大于需求弹性，因此供给曲线 S 较需求曲线 D 更为平坦。供给与需求相交于 E，此时均衡价格为 P_0，均衡产量为 Q_0。假设初始状态下，市场价格 P_1 低于均衡价格 P_0，将出现供大于求的现象，同时决定

---

①　蛛网模型根据产品供需弹性大小，将其分为3种类型：a. 当产品需求价格弹性小于供给价格弹性时，市场受外力的干扰偏离原有的均衡状态后，实际价格和实际产量上下波动的幅度会越来越大，偏离均衡点越来越远，形成"发散型蛛网"；b. 当产品需求价格弹性大于供给价格弹性时，市场受干扰偏离均衡状态后，实际价格和实际产量会围绕均衡水平上下波动，但波动幅度越来越小，最后回复到最初供需均衡点，形成"收敛型蛛网"；c. 当需求价格弹性与供给价格弹性相等时，市场受外力干扰偏离原有均衡状态后，实际产量和实际价格适中按同一幅度围绕均衡点上下波动，形成"封闭型蛛网"。

下一期市场产量将下降至 Q_2。第二期产量 Q_2 低于均衡产量 Q_0，导致价格上涨、产量下降。第二期是市场价格 P_2 高于均衡价格 P_0，决定第三期市场产量将增加至 Q_3，如此循环往复，使得产量和价格越发偏离均衡点 E。

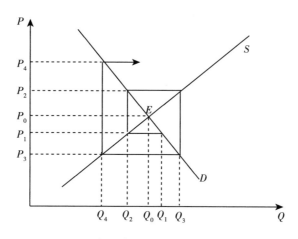

图 3.3　粮食现货市场"发散型蛛网"模型

而在存在期货市场的情况下，生产者可从期货市场获得未来粮食的价格 P_t 预期并决定本期产量 Q_t^s，用函数表示为：$Q_t^s = f(P_t)$，本期供给量取决于本期期货价格。对于需求者来说也可通过期货市场价格平衡各期的消费量，市场需求量取决于本期期货价格，用函数表示为：$Q_t^d = f(P_t)$。根据上述假设，考虑期货市场调节机制后的市场均衡可表示为：

$$\begin{cases} Q_t^s = \alpha + \beta P_t^e \\ Q_t^d = \delta - \gamma P_t^e \\ P_t^e - P_{t-1}^e = \omega(P_{t-1} - P_{t-1}^e) \end{cases}$$，其中 α、β、δ、γ 均为大于零的常数，

ω 为价格的适应性系数。

引入期货市场后，市场在期货价格的引导下将不断向均衡点加以收敛，如图 3.4 所示。假设初始状态依然是市场价格 P_1 低于均衡价格 P_0，产量 Q_1 大于均衡产量 Q_0。但是这一情况会在期货市场中被发现，也就是说期货市场将对初始状态下供大于求的信息进行反应，导致 P_{f1} 与 P_0 的差距将小于现货市场的价格差距，即 $P_1 < P_{f1} < P_0$。第一期的价格决定第

二期粮食产量将下降，但下降幅度将缩小，即 $Q_{f1}Q_{f2} < Q_1Q_2$。此时 Q_{f2} 依然小于 Q_0，因此粮食价格会上涨，但涨幅比没有期货市场时的涨幅要小，即 $P_0 < P_{f2} < P_2$。第二期市场价格高于均衡价格，决定了第三期产量将上升，但受 $P_{f2} < P_2$ 的影响，$Q_{f3}Q_{f4} < Q_1Q_2$，即涨幅会比没有期货市场调节情况下要小。如此循环往复，最终粮食期货市场的力量将引导市场向均衡点收敛。虽然期货市场对现货市场的产量和价格调控不能完全平抑波动，但可以通过价格信息形成价格预期，降低现货市场产量和价格的波动幅度，实现对现货市场的纠正与调节。

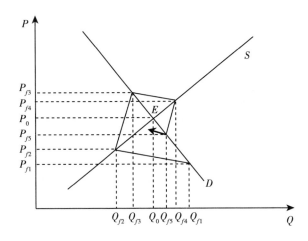

图 3.4　粮食期货市场"发散型蛛网"模型纠正

简单来说，粮食期货市场价格可通过价格预期影响粮食的供给和需求，从而对"发散型蛛网"波动的粮食现货市场价格进行引导和纠偏，最终使粮食现货市场价格趋向于供求均衡状态。

3.2.3 开放市场条件下粮食价格形成

这里进一步地将粮食市场价格形成的基础条件放开至市场开放状态，以探讨进出口贸易对国内粮食市场价格的影响。在这种状态下，粮食市场的供给不仅取决于本国粮食生产，还将受到粮食进口的影响。同理，粮食需求不仅来源于国内粮食市场需求，还需将粮食出口纳入考虑范畴。下面将考虑市场完全开放和市场半开放条件下，国内外粮食价格的联动效应。

（1）粮食市场完全开放

假设国内外粮食市场间贸易处于完全开放状态，也就是说，不存在关税等边境措施的约束，并且任意两国贸易的交易费用是均质的，市场之间可实现无阻力、连续无间断的信息共享。在这种情况下，决定国际粮食贸易的主要因素是各国市场价格。当本国粮食市场价格低于国际市场价格时，国内贸易商将通过出口本国粮食赚取贸易利润。随着国内粮食供给量的减少，国内粮食市场的均衡价格将逐步上涨，直至国内外粮食市场价格处于同一水平，国际贸易无利可图，国内外市场将实现整合。当本国粮食市场价格高于国际市场价格时，国外低价粮食将涌入国内粮食市场。随着市场供给量的增加，粮食市场的均衡价格将逐渐下降，直至与国际粮食价格处于同一水平，此时粮食贸易无利可图，国内外粮食市场实现整合。因此，在市场完全开放条件下，国内外粮食市场将整合为一体，粮食市场价格能够实现及时的良性互动，最终使得国内外粮食价格处于同一水平。

图 3.5 分别展示了在完全开放条件下，当国内粮食市场价格高于国际粮食市场价格情况下的国内外粮食价格传导。在国际市场中，粮食供给曲线 S^w 和粮食需求曲线 D^w 形成国际粮食均衡价格 P_0^w [图 3.5（a）]。在国内市场中，粮食供给曲线 S_0^d 和粮食需求曲线 D^d 形成国内粮食均衡价格 P_0^d [图 3.5（b）]。由于国际粮食市场价格 P_0^w 低于国内粮食市场价格 P_0^d，因此国际粮食将通过进口渠道进入国内市场，增加国内供给，使得国内粮食供给曲线逐步向右平移至 S_1^d，此时国内外粮食价格将逐渐趋同，最终均达到 P_0^w，国内外粮食市场实现完全整合。当然，国际粮食进口到国内也可能引起国际粮食市场供求的变化，这主要取决于粮食进口的规模大小。我国大豆的进口规模较大，因此国内大豆贸易行为将引起国际大豆市场价格变动，而小麦、大米和玉米的进口规模相对于国际市场供给较小，因而难以对国际粮食价格产生较为显著的影响。

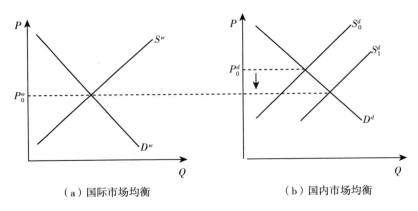

（a）国际市场均衡　　　　　　　　　（b）国内市场均衡

图 3.5　市场开放条件下国内外粮食价格传导

这种完全开放的市场状态几近理想，为了保护本国粮食产业发展，各国分别采取了不同程度的贸易保护政策[①]。那么，在国内外粮食市场贸易受限的情况下，价格如何进行传递呢？

（2）粮食市场半开放

所谓市场半开放状态是指国家在放开国际贸易的基础上，以关税壁垒和非关税壁垒的措施限制进口。关税壁垒主要是通过征收高额进口关税的手段来隔绝国际市场进口，而非关税壁垒则通过包括进口许可证制、进口配额等在内的一系列措施限制进口。中国加入 WTO 组织后，粮食贸易政策受到国际贸易规则的制约，并在此基础上作出了一系列承诺，首先是对粮食出口取消出口补贴，其次是对粮食进口实行关税配额制度[②]。如表3.2 所示，自 2004 年起，大米、小麦和玉米的粮食关税配额数量已分别达到 532.0 万吨、963.6 万吨和 720.0 万吨的最高点。

　　[①]　加入 WTO 后，中国对粮食国际贸易作出一系列承诺，其中对大豆和大麦等品种进口实行的是自由贸易政策，只征收 3% 的进口关税。因此，在不考虑中美贸易摩擦等特殊时期的情况下，这种几乎不存在市场准入、政策管制等因素的情形只适用于大豆。小麦、大米和玉米的国内外价格传递情况还需另作分析。

　　[②]　关税配额制度是指对小麦、玉米和大米等 3 种主要粮食规定配额数量和配额内外的关税水平，对配额数量内的进口征收较低关税，一般为 1%～10%，对配额外的进口征收较高关税，目前最惠国税率是 65%，普通税率为 180%。

表 3.2　加入 WTO 前后主要粮食品种进口关税配额变化

单位：万吨

品种	2000 年	2001 年	2002 年	2003 年	2004 年至今
大米	266.0	332.5	399.0	465.5	532.0
小麦	730.0	788.4	846.8	905.2	963.6
玉米	450.0	517.5	585.0	625.5	720.0

数据来源：布瑞克农业数据库。

在市场半开放状态下，粮食贸易的数量受到限制，国际市场与国内市场依然能够通过贸易实现信息共享，但这种信息共享较为有限。如图 3.6 所示，在初始状态下，国内粮食市场均衡价格 P_0^d 高于国际粮食市场均衡价格 P_0^w，在 1% 的关税配额内的国际粮食将通过进口涌入国内粮食市场，增加市场供给，使得粮食供给曲线右移至 S_2^d。假设关税配额外的国际粮食价格将超过国内粮食价格，国际粮食价格在国内市场将失去价格竞争力，因此不会出现关税配额以外的粮食进口，即供给曲线无法继续右移至 S_1^d 位置。那么，国内市场最终将因部分国际粮食进口实现新的市场均衡，此时粮食市场均衡价格为 P_1^d，且有 $P_0^d > P_1^d > P_0^w$。国际粮食市场价格将通过贸易路径影响国内粮食市场均衡价格，但由于受到贸易政策的影响，无法实现国内外粮食市场的完全整合，市场信息共享受阻。

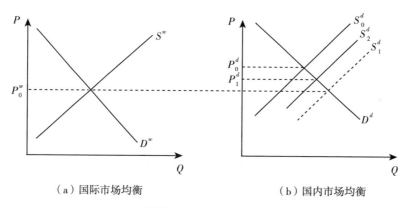

（a）国际市场均衡　　　　　　　　（b）国内市场均衡

图 3.6　半开放条件下国内外粮食价格传导

因此，当粮食市场处于完全开放状态时，国内外粮食价格水平和价格波动等信息能够相互传递，进行良性互动；而当存在关税壁垒或非关税壁垒等贸易限制措施时，国内外粮食价格仅能实现允许范围内的部分传递，但国外价格依然能够通过进出口贸易影响国内粮食市场的价格形成。

3.2.4 粮食价格形成机制图

厘清市场化条件下粮食价格的成因及各市场间的作用机制，是深入认识价格政策如何干预粮食价格形成的前提和基础。为了将市场化条件下粮食价格形成机制一目了然地展现出来，本研究基于以上分析绘制粮食价格形成机制示意图（图3.7），集中反映供给、需求、要素市场、期货市场、国际市场等多重力量共同作用下的价格形成。

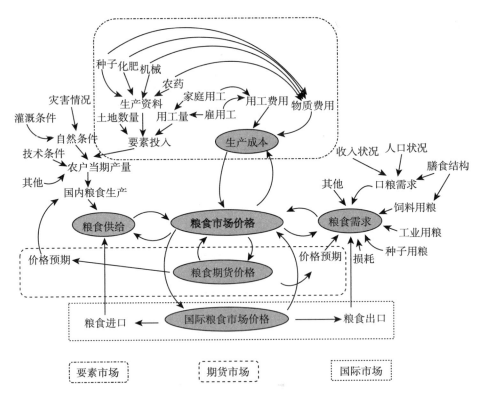

图 3.7 市场化条件下粮食价格形成机制示意图

3.3 价格支持政策干预粮食价格形成的多路径分析

基于以上粮食价格形成的多重因素分析，本研究将依次从供求、要素、期货市场、国际市场等价格形成的四个子系统出发，从理论层面探讨价格支持政策如何干预粮食市场价格的形成。

3.3.1 政策价格与农户行为

最低收购价政策以政府定价为核心，主要作用于粮食收购环节。政府在农户生产播种前公布当年的收购价格，以此形成种粮农户的价格预期，而价格预期是种粮农户进行生产决策的主要依据。

考虑到粮食市场供给与需求存在时滞，t 期的粮食市场价格形成于 t 期粮食生产完成之后，价格预期的形成是农户进行生产决策的重要依据。这里借鉴 Nerlove（1958）提出的适应性价格预期模型（Adaptive Model）分析农户价格预期形成。适应性价格预期模型假定农户不仅会对过去的粮食价格作出反应，也可以利用自身的知识和以往的经验修正预期价格，使其更接近于实际价格。价格调整的基本形式如下：

$$P_t^e - P_{t-1}^e = \gamma(P_{t-1} - P_{t-1}^e), \quad 0 \leqslant \gamma \leqslant 1 \qquad (3.1)$$

式（3.1）中，P_t^e，P_{t-1}^e 分别为 t 期和 $t-1$ 期的预期价格；γ 为适应性调整系数。此时农户的供给结构方程为：

$$\begin{cases} Y_t^e = \alpha + \beta P_t^e \\ P_t^e - P_{t-1}^e = \gamma(P_{t-1} - P_{t-1}^e) \\ Y_t - Y_t^e = \rho(Y_t^e - Y_{t-1}) \end{cases} \qquad (3.2)$$

种粮农户的生产是国内粮食供给的主要来源。从式 3.2 可以看出，农户供给行为决策是以价格预期为依据的，因此价格预期便成为政策收购价格干预农户供给行为的最主要途径。从最低收购价政策执行的现实情况来看，政策价格已经成为农户生产决策最主要的预期，也是粮食连年增产的最大动力。此外，政策价格的持续上涨不仅发挥政策"托底"功能，而且也成为刺激农户增加供给的主要信号。从这一层面来说，政策价格是通过价格预期途径对农户生产供给行为产生干预，进而影响粮食市场价格形成。

3.3.2 政策价格与要素需求

分析价格支持政策对要素市场的影响之前，需要厘清生产成本与粮食价格之间的互动机制。根据马克思生产价格理论和平均利润学说，自由竞争条件下，农产品生产价格是由其生产费用加上平均利润构成。马克思将生产费用视作成本价格，也就是说，生产要素价格和合理的利润水平是构成粮食生产价格的两个核心部分。因此，上游生产成本的波动将会通过"初级产品—中间产品—最终产品"的产业链向下游粮食市场传递，属于供给冲击带来的影响。那么，下游粮食市场价格对上游生产成本是否会产生逆产业链传导呢？

在实际生产决策中，种粮农户首先根据往年生产经验形成静态价格预期，继而根据国家公布的最低收购价格对预期进行改进，形成适应性预期。这里将种粮农户视为利润最大化或成本最小化的微型企业，假定种粮农户预期的市场价格为 $P^e(P^m)$，其中 P^m 表示该品种当年的政策收购价格，生产要素价格为 P^c。在给定技术水平、耕地规模和耕地质量（Z）等条件下，种粮农户将选择相应的要素投入量和产出量来获取种粮最大利润：

$$\begin{cases} \text{Max}\pi = P^e \cdot Y - P^c \cdot C \\ Y = Y(C|Z) \end{cases} \tag{3.3}$$

式（3.3）中，P^c 和 C 分别表示粮食生产过程中投入品价格和数量。粮食生产要素主要包括土地、资本、劳动力，资本要素主要包括化肥、农药、农膜、种子、机械等生产资料，即：

$$P^c = \{P_1^c, P_2^c, P_3^c, \cdots, P_n^c\}, \quad C = \{C_1, C_2, C_3, \cdots, C_n\} \tag{3.4}$$

对式（3.3）求一阶导数后，得到：

$$\frac{\partial \pi}{\partial C} = P^e \cdot \frac{\partial Y}{\partial C} - P^c = 0 \qquad (3.5)$$

经过移项，可得到种粮农户利润最大化条件：

$$P^e(P^m) \cdot \frac{\partial Y}{YC} = P^c \qquad (3.6)$$

即有 $MR(Y) = MC(Y)$，等式左侧为种粮的边际收益，右侧为种粮的边际成本。

满足上述式（3.6）利润最大化的二阶导数必须小于零：

$$\frac{\partial^2 \pi}{\partial C^2} = P^e(P^m) \cdot \frac{\partial^2 Y}{\partial C^2} < 0 \qquad (3.7)$$

即有 $MR'(Y) < MC'(Y)$。

一般来说，厂商实现最大利润的均衡条件是边际收益等于边际成本[①]。据此，种粮农户会根据边际收益等于边际成本的原则，选择投入品数量。通过式（3.7）的表达形式可以看到，在最低收购价政策执行下，政策价格将成为农户形成价格预期的主要信号。当粮食的最低收购价格 P^m 高于市场均衡价格时，农户种粮的边际收益将提高，而根据利润最大化均衡条件（$MR = MC$），种粮的边际成本必将受边际收益的影响而提高，这里具体表现为粮食投入品价格的上涨。当粮食最低收购价格 P^m 低于市场均衡价格时，农户种粮的边际收益将降低，根据 $MR = MC$ 原则，种粮的边际成本也将随之下降，此时投入品价格也将降低。因此，粮食的收购价格将通过引导种粮农户的价格预期直接影响粮食产量，间接影响粮食生产要素的投入数量和价格。

可以看出，在执行最低收购价政策的年份，粮食供给连年增产，导致要素市场需求扩大，进而推动生产要素价格上涨；而生产成本是政府制

---

① 注：利润最大化的一阶条件和二阶条件可以得到这样的结论：厂商应选择最优的产量使得边际收益等于边际成本，即 $MR = MC$ 的一阶条件外，还有 $MR' < MC'$ 的二阶条件，如此，厂商才能获得最大利润。但习惯上往往将利润最大化的均衡条件简称为 $MR = MC$。事实上，所有的相关分析中，厂商最大化均衡点均出现在 $MR = MC$，且 $MR' < MC'$ 的产量点上。因此，本研究将 $MR = MC$ 作为种粮农户利润最大化的均衡条件分析。

定政策收购价格的主要依据，在产业链的传导下，生产成本的上涨将推动政策收购价格新一轮的上涨。最终，要素市场与粮食生产市场将形成生产成本与收购价格相互助推的螺旋式上涨态势。

3.3.3 政策价格与期货价格

根据期现货市场价格互动机制可知，期货市场通过形成价格预期的方式，引导现货市场供需双方经济主体的行为决策，实现期现货价格的传递。就农产品而言，期货市场具有纠正"发散型蛛网"模型的作用；而根据之前的分析，价格支持政策也是通过价格预期的形式对粮食市场进行干预，区别在于价格支持政策倾向于影响粮食供给侧农户的生产行为决策，而期货价格则同时作用于粮食供给与需求市场。那么，就粮食供给而言，农户受到政策收购价格和期货价格的双重价格预期影响，此时的市场均衡情况如图 3.8 所示。

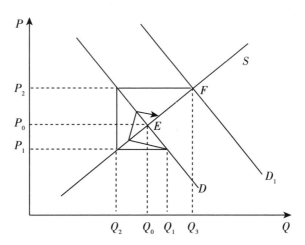

图 3.8 政策价格与期货价格双重预期下粮食市场均衡

如图 3.8 所示，在初始状态下，粮食市场意外增产，由粮食均衡产量 Q_0 增加为 Q_1。为了出售全部产量 Q_1，生产者接受消费者愿意支付的价格 P_1，实际价格将为 P_1，于是生产者将第三期产量减少为 Q_2。第三期供不应求，消费者愿意购买全部产量 Q_2 并支付高于均衡价格水平的 P_2。根据第三期的价格，第四期生产者将扩大生产至产量 Q_3。此时，又将形成价格下行压力，为了保障粮食生产和农户收益，政府将入市进行敞开收购，扩大市场需求，此时需求曲线将右移至 D_1，市场形成新的均衡点 $F(Q_3, P_2)$。新的均衡点 F 相较于原均衡状态 E 具有更高的价格和更高的产量，意味着更高的经营收益，且政府入市进行托底，对农户而言可形成稳定的预期。此时，相对于逐渐向初始均衡状态靠近的期货价格预期来说，将面临失效。政策价格预期成为引导种粮农户生产的主要预期形式。

3.3.4 政策价格与国际粮价

2004 年和 2006 年国家分别启动了稻谷和小麦的最低收购价政策，并在之后多次提升和启动最低收购价格。当国内粮食市场价格低于最低收购价时，政府将通过政府购买的方式启动最低价收购，进而扩大粮食需求，拉升粮食价格；当国内粮食市场价格高于最低收购价时，政府将投放粮食储备，通过增加粮食供给使市场价格回落。

首先，考虑国内市场均衡价格高于最低收购价格的情形。关于国内外粮食价格之间的关系，这里仍需分两种情况进行分析。①若国际市场价格高于国内市场均衡价格，一方面，将出现粮食出口，粮食需求扩大，国内市场粮价拉升；另一方面，政府将投放粮食储备增加市场供给，从而拉低国内市场粮价。在此共同作用下，国内市场粮食价格将在不同的均衡点之间上下波动。不过需要说明的是，当国内粮食价格较高时，国内粮食市场供求偏紧，而国际粮食市场供求也同样偏紧，此时为保障国内粮食安全，政府可能采取相关措施限制出口贸易。②若国际粮食市场价格低于国内市场均衡价格，即国际粮食市场价格和最低收购价格均低于国内粮食价格，这表明相对于国际市场，国内粮食市场供求偏紧。在这种情况下，将出现粮食进口和粮食储备同时投放市场的现象，增加粮食供给，使粮食市场价格逐步回落，形成新的市场均衡。在以上分析的两种情况下，国际粮食市场价格仍然能通过进出口贸易的方式实现国内外粮食市场价格联动。

其次，考虑国内粮食市场均衡价格低于最低收购价的情形。依然设定两种情形：①当国际粮食价格高于国内粮食价格时，说明在国内供求偏松的情况下国际粮食市场供求偏紧。此时，可通过粮食出口及政府入市收购的方式，增加粮食需求，从而拉升国内粮食价格。在此情形下，国内粮食价格将通过出口的方式影响国际粮食价格。②重点考虑国际粮食价格低于国内粮食价格的情形，如图3.9所示。由于国内粮食市场均衡价格低于最低收购价，说明国内粮食市场供求偏松，政府将通过敞开收购的方式购买市场余粮，拉高国内粮食市场均衡价格直至达到最低收购价格水平。因此，图3.9（b）中显示的国内粮食均衡价格 P_0^d 其实就是最低收购价格。此时，具有价格竞争力的国际粮食价格将通过进口贸易的方式涌入国内粮食市场，最终增加粮食供给。关税配额内的粮食进口将使得供给曲线向右移至 S_1^d，市场供给的增加将对市场均衡价格施加下行压力，此时市场粮价降至 P_1^d。为了将国内市场粮价维持在最低收购价水平，即 P_0^d，政府将通过扩大入市收购的数量，亦即扩大粮食需求，使得粮食需求曲线向右移至 D_1^d。新的供给曲线 S_1^d 和需求曲线 D_1^d 形成新的市场均衡，此时均衡价格保持不变，而均衡数量将由 Q_0^d 扩大至 Q_1^d。

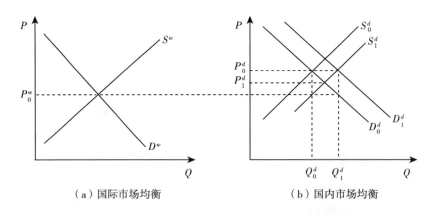

（a）国际市场均衡　　　　　　（b）国内市场均衡

图3.9　政策价格干预下国内外粮食价格传导

　　图3.9所讨论的情形是最符合粮食最低收购价格政策实施以来国内粮食市场的实际情况。最低收购价格政策的常态化实施，使得关税配额内的粮食进口数量持续增加，政府敞开收购农户的余粮，市场价格维持在政策

价格水平并出现刚性上涨。受政策价格干预，国内外粮食市场之间的价格传导将被屏蔽，无法保持正常的良性互动。

3.4 研究假说

以上分析可以看出，以控制粮食价格上涨、维持粮食市场稳定为初衷的价格支持政策，在实施过程中逐渐异化为推动粮食市场价格不断上行的政策力量，并对影响粮食价格形成的市场力量产生干扰。据此，本研究提出了有待验证的研究假说，具体如下：

假说一：政策价格通过价格预期干预农户生产决策，政策价格与农户粮食供给呈正相关关系，即政策价格上涨或下跌将导致当年粮食增产或减产，进而影响粮食市场均衡价格。

种粮农户的生产决策主要取决于粮食价格预期，政策价格的制定是指导农户进行生产决策的主要信号。当政策价格高于市场均衡价格时，农户将扩大种植面积；当政策价格低于市场均衡价格时，农户将适当减产以避免市场风险。通过价格预期干预农户行为的方式，将直接影响粮食市场供给，进而影响粮食市场价格均衡水平。若农户持续增产，那么粮食市场均衡价格必将面临下行压力。为了稳定农户种粮积极性，政策价格将会稳定在市场均衡价格之上，而一旦政策价格高于市场均衡价格，农户将会进一步扩大种植面积以获取稳定的收益。如此循环，临时性支持政策将陷入"常态化"启动的被动局面。

假说二：政策价格常态化启动背景下，粮食生产成本与粮食价格将形成相互影响、互相助推的螺旋式上升态势，亦即粮食生产要素市场与收购市场的价格水平和价格波动等信息存在双向溢出效应。特别是在政策价格支持力度升级阶段，这种关系应表现为粮食价格对生产成本的单向波动溢出效应。

政策价格的刺激作用导致农户扩大种粮规模，从而增加种粮要素投入需求，推动要素价格上涨；而生产成本的上升也将通过产业链作用反馈到粮食市场价格上，最终将形成生产价格与要素价格之间相互助推的变化特征。在政策价格持续上涨阶段，粮食市场价格受政策因素的影响较大，其短期走势可能会脱离生产成本。然而，在粮食价格上涨的刺激下，要素价格依然会因需求的影响而变化，因此仅存在粮食价格对生产成本的单向波动溢出效应。

假说三：在政策价格预期的影响下，粮食期货市场价格预期可能面临失效，即期现货粮食价格信息传递将受阻，期货市场对现货市场的引导作用不显著。

作为引导粮食现货价格向市场均衡收敛的期货价格，是通过价格预期的形式干预农户供给行为。同样，政策收购价格也是通过价格预期的方式干预农户决策。在双重预期干预下，农户将如何决策成为这一问题的关键。从政策价格高位运行的现实情况看，相较于初始状态下的市场均衡价格水平，政策价格所维持的市场均衡状态具有更高的价格水平和更大规模的粮食产量。因此，政策价格预期将成为农户生产决策的主要信号，而期货价格信息的传导可能面临失效。

假说四：在市场化程度较高的粮食品种中，国内外粮食价格可实现良性互动，即国际粮食价格与国内粮食价格之间存在双向波动溢出效应；而在政策价格支持力度较高的粮食品种中，国际粮食价格对国内粮食价格的信息传递将受阻，即国际粮食价格对国内粮食价格的波动溢出效应不显著。

在国内外粮食价格存在较大差异的情况下，主要是指当国内粮食价格高于国际粮食价格时，国际粮食的进口将影响粮食总供给量，从而对国内粮食市场产生影响；而粮食储备吞吐机制作为价格支持政策的配套措施，当市场粮食价格因国外进口出现下行压力时，将通过吸收市场粮食供应量的方式将价格维持在政策价格水平，以抚平国际粮食价格冲击，这可能导致国际粮食价格信息难以在国内市场传递。

第 4 章 政策支持下粮食主产区农户 供给行为的实证分析

在西方经济学中，供求关系是分析问题的出发点。供给和需求分别代表了卖方愿意出售并能够出售的某物品的数量，以及买方愿意支付并且有能力购买的某物品的数量。当供给与需求相交时，便形成了该物品的市场均衡价格，这便是西方经济学中解释价格形成的基本方法。因此，粮食供给是决定粮食市场价格的最主要的市场力量之一。粮食生产价格支持政策直接作用于粮食生产环节，讨论价格调控对粮食价格的影响，首先需要研究的就是价格支持政策如何影响农户的生产供给。

自 20 世纪 20 年代以来，逐渐步入工业化中期的国家和地区均采取粮食价格支持政策来支持农业生产，以保护以粮食为主的农产品免受世界性经济危机的冲击，各国学者纷纷对其展开深入讨论。国外学者关于价格支持政策对粮食供给的影响研究主要从农户的供给反应角度展开。较早期的农户供给反应分析均建立在幼稚价格预期的局部调整模型之上，对粮食市场农户的生产行为设定完全竞争、市场出清、生产者决策可分性等脱离现实的前提条件，缺乏现实有效性（王德文和黄季焜，2001）。直至 Nerlove（1956，1958）将动态调整运用到农户供给行为分析中，提出基于适应性预期的局部调整模型，即农户不再仅根据上一期农产品价格决定当期生产决策，而是根据上一期价格和当期实际价格之间的误差，对其生产行为进行调整决策，这也成为研究农户供给行为领域应用最为广泛和成功的模型

(Braulk，1982；Ball 等，2003)。

国内学者在这一方面的研究起步较晚，从现有代表性文献来看，早期郑毓盛等（1993），及王德文和黄季焜（2001）分别对双轨制下粮食生产供给的价格反应进行了定量研究。自从实施以最低收购价政策和临时收储政策为主要内容的价格支持政策以来，国内学者纷纷对其产量效应展开多方面的讨论，但研究结论存在争议。部分学者认为价格支持政策对农户供给行为具有显著的正向影响。例如，刘俊杰和周应恒（2011）测算了小麦播种面积对其价格的反应程度，发现短期内小麦供给对价格表现并不敏感，而长期中小麦供给会对小麦价格作出反应，因而提出保持小麦托市收购政策连续性和稳定性的观点。张爽（2013）根据农户供给行为理论和价格预期理论建立了早籼稻和混合麦主产区农户供给行为模型，分析最低收购价政策下的农户供给行为，表明最低收购价是影响主产区农户粮食供给的主要因素之一。另外，部分学者则表示价格支持政策的实施对粮食供给的实质性影响不明显。例如，刘宏曼和郭建硕（2017）基于大豆主产区生产和价格的面板数据，实证分析了价格支持政策对大豆供给的影响，结果表明，临时收储政策的实施对大豆供给作用并不显著。李晨曦等（2019）利用 1985—2015 年吉林省玉米生产数据测算了玉米种植面积对价格变动的反应，结果发现，玉米种植面积对价格变动的反应较为迟钝。另外，对于价格支持政策影响农户供给途径的问题，学者们也提出了不同观点。张明杨等（2014），及王晨和王济民（2018）基于不同农产品的研究均表示预期利润是农作物播种面积的主要影响因素，对农产品供给具有积极作用；而陈飞等（2010）利用动态面板 GMM 方法分别估计农业政策对小麦、稻谷和玉米供给的影响，发现预期价格水平对粮食产量的影响相对偏弱，市场经济的价格杠杆作用并不明显。

综上可知，现有研究对价格支持政策是否具有产量效应，以及形成产量效应的途径问题仍未得出相对一致的结论，而这正是价格支持政策影响粮食市场价格的重要环节，有待进一步论证和分析。接下来，本研究将基于 Nerlove 供给行为模型和价格预期理论，建立小麦、稻谷和玉米市场的农户供给反应模型，模拟最低收购价政策和临时收储政策对各自实施品种的供给影响，并检验价格预期在此过程中的作用是否显著。在本章的最后，将对价格支持政策与粮食市场均衡价格的互动机制进行进一步分析。

4.1 政策支持下农户供给反应模型构建

4.1.1 粮食供给反应模型理论基础

考虑到粮食市场价格发生于当期粮食生产完成之后，因此价格预期的形成是农户进行生产决策的重要依据。构建合理的价格预期模型是分析粮食价格支持政策影响农户供给行为的关键问题。

幼稚型预期模型（Naive Model）假定农户生产决策不存在学习积累过程，单纯根据上一期粮食市场价格来进行生产决策。因此，农户的粮食供给结构方程可设定如下：

$$\begin{cases} Y_t^e = \alpha + \beta P_t^e \\ P_t^e = P_{t-1} \\ Y_t - Y_t^e = \rho(Y_t^e - Y_{t-1}) \end{cases} \qquad (4.1)$$

随着价格预期模型的发展，学者们开始对幼稚型预期模型提出批评。Nerlove（1956，1958，1960）摒弃了幼稚型预期模型简单、静态的预期价格设定，提出了适应性价格预期模型（Adaptive Model）。该模型假定农户不仅对过去的粮食价格做出反应，还能够利用自身的知识和以往的经验对外部刺激做出反应，从而修正预期价格，使其更接近于实际价格，并根据预期价格和实际价格的差异调整种植面积或产量。在此情况下，农户的预期价格建立在对前期价格进行调整的基础上，价格调整的基本形式如下：

$$P^e - P_{t-1}^e = \gamma(P_{t-1} - P_{t-1}^e), \quad 0 \leqslant \gamma \leqslant 1 \qquad (4.2)$$

式（4.2）中，P_t^e，P_{t-1}^e 分别为 t 期和 $t-1$ 期的预期价格；γ 为适应性调整系数。当 $\gamma=1$ 时，式（4.2）直接退变为幼稚型预期模型。从这个角度看，幼稚型预期模型是适应性预期模型的特殊情况。在新的价格水平下，种植面积调整存在一个过程，实际调整的种植面积和预期种植面积之间存在一个调整系数 ρ，此时农户的供给结构方程为：

$$\begin{cases} Y_t^e = \alpha + \beta P_t^e \\ P_t^e - P_{t-1}^e = \gamma(P_{t-1} - P_{t-1}^e) \\ Y_t - Y_t^e = \rho(Y_t^e - Y_{t-1}) \end{cases} \qquad (4.3)$$

式（4.3）通常是分析价格政策对粮食播种面积影响的重要理论基础。

4.1.2 粮食供给反应模型构建

自 2004 年起，中国实施了多年的粮食最低收购价格政策，政策收购信息传播时间久且范围广。尤其是 2008—2014 年，政策收购价多次上调，这直接影响了农户的生产决策。因此，种粮农户将综合考虑上一年粮食市场价格和政府公布的最低收购价格来决定当期的粮食生产规模。结合上述理论，本研究试图运用改进后的适应性价格预期模型来建立最低收购价政策下种粮农户的生产决策行为，进而解释政策价格收购对种粮农户供给行为的影响。最低收购价格对种粮农户来说具有市场价格信号的导向作用，因此，适应性价格预期模型可表示为：

$$\begin{cases} Y_t = Y(Y_{t-1}, P_t^e, P_{i,t-1}, \sum_{k=1}^{n} X_{kt}) \\ P_t^e = P_t(P_{t-1}, P_{t-1}^m) \end{cases} \qquad (4.4)$$

式（4.4）中，X_{kt} 表示影响粮食产出的其他因素，在完全市场条件下，粮食种植规模、粮食生产投入品价格、替代作物价格、气候条件及技术水平等都是影响粮食供给的主要因素。P_{t-1} 和 P_{t-1}^m 分别表示第 $t-1$ 期粮食市场价格和粮食政策收购价格。

在适应性价格预期模型中，因变量和其他外生变量的选择是模型构建的两个关键点。就因变量而言，粮食产量和粮食播种面积通常是反映种粮农户供给的主要指标。本研究选取粮食产量作为被解释变量，是考虑到粮食产量的变化能够更加直观地反映价格变量对粮食市场供给量的影响。此外，由于粮食生产受气候、自然灾害等偶然因素的影响较大，粮食播种面积未必能够真实地反映出当期市场的供给量。因此，本研究认为选择粮食产量作为模型被解释变量更为合理。

就外生变量而言，根据农产品供给理论，在一定的生产技术条件下，除了作物自身价格外，作物的生产成本和机会成本（即利用既定的土地和劳动力等生产要素生产替代作物所能获取的最大收益）也是影响农户供给的重要因素。因此，有必要将二者作为外生自变量引入方程。为了反映种植规模变化对粮食产量的影响，将上一期粮食种植面积引入方程。另外，为了控制气候、自然灾害等偶然因素对粮食产量的影响，这里引入粮食成灾面积来反映自然风险对粮食供给的影响。由于对模型进行直接估计可能会导致估计结果违背残差服从正态分布的假设，本研究对各变量进行对数化处理，以直接得到粮食供给价格弹性。综合以上分析，供给反应计量模型设定如下：

$$\ln Q_{i,t} = \lambda_0 + \lambda_1 \ln P_{t-1} + \lambda_2 \ln P_{t-1}^m + \lambda_3 \ln A_{i,t-1} + \lambda_4 \ln P_{i,t}^c +$$
$$\lambda_5 \ln P_{i,t-1}^s + \lambda_6 \ln dis_{i,t} + \lambda_7 \ln T + \mu_t \qquad (4.5)$$

式（4.5）中，i 为地区，t 为时期。$Q_{i,t}$ 和 $A_{i,t-1}$ 分别表示 i 地区 t 期和 $t-1$ 期粮食作物的产量和播种面积；P_{t-1} 和 P_{t-1}^m 分别表示 i 地区第 $t-1$ 期粮食市场价格和政策收购价格；$P_{i,t}^c$ 表示 i 地区第 t 期单位面积粮食生产成本；$P_{i,t-1}^s$ 表示 i 地区第 $t-1$ 期替代作物价格；$dis_{i,t}$ 则表示 i 地区第 t 期该粮食作物的成灾面积；T 为时间趋势变量，用以反映技术进步；λ_i 表示待估参数，μ_t 为随机扰动项。

4.1.3 数据来源与说明

小麦是中国实施粮食最低收购价政策的主要品种之一，实施省份分别为河北、江苏、安徽、河南、湖北及山东六省。本研究选取

2006—2016 年小麦六大主产省份地市级年度生产数据作为观测样本①，检验粮食最低收购价格对粮食生产供给的影响。各变量说明与数据来源如下：

（1）产量和播种面积

各地区小麦的产量和播种面积数据来源于相应地级市的地方统计年鉴，其中河南省和山东省小麦产量和播种面积数据来源于河南省统计局和山东省统计局网站。对于个别缺失的数据，本研究采用了均值替换法进行插补。

（2）市场价格与政策收购价格

各地区小麦的市场价格来源于国际粮油信息中心网站，由于国家粮油信息中心网站呈现的均为月度价格数据，因此本研究采用了算术平均法将其折算为年度数据。小麦政策收购价格数据来源于国家发改委网站。

（3）生产成本

本研究涉及的地市级样本较多，而现有资料仅对省级层面的小麦生产成本数据进行了统计，并未涉及地市级层面的数据。考虑到同一省份各地级市的生产成本差异较小，因此，本研究以省级生产成本数据替代地市级小麦单位面积生产成本。小麦单位面积生产成本主要由物质与服务费用及人工成本两部分构成，因此本研究以物质服务费用和人工成本之和来衡量小麦单位面积生产成本。生产成本数据来源于《全国农产品成本收益资料汇编》。

（4）替代作物价格

由于我国自然、气候条件区域差异很大，导致耕作制度、耕作时间、

---

① 根据样本的可获性和统计口径一致性原则，本研究所涉及的六省地市级样本包括：河北省（石家庄、邯郸、唐山等 3 市）；湖北省（武汉、宜昌、荆州等 3 市）；江苏省（南京、苏州、无锡、常州、镇江、徐州、盐城、连云港、南通等 9 市）；山东省（济南、青岛、淄博、枣庄、东营、烟台、潍坊、济宁、泰安、威海、日照、莱芜、临沂、德州、聊城、滨州、菏泽等 17 市）；河南省（郑州、开封、洛阳、平顶山、安阳、鹤壁、新乡、焦作、濮阳、许昌、漯河、三门峡、南阳、商丘、信阳、周口、驻马店、济源等 18 市）。此外，由于安徽省地市级数据无法获取，这里拟将安徽省省级小麦生产数据纳入样本。本研究共涉及 51 个地区样本数据，以构建平衡面板数据进行模型估计。

作物品种在不同区域差异较大，不同地区作物的替代或竞争作物品种存在较大差异。这里需根据自然条件和传统耕作习惯确定不同省份小麦的主要替代作物，参考刘俊杰和周应恒（2011）的研究，江苏、安徽、湖北三省选取油菜作为小麦的替代作物，而山东、河南、河北三省主要种植冬小麦，在农时上基本没有替代性较强的农作物[①]。考虑到实证模型中取对数的需要，这里将山东、河南和湖北三省份的替代作物价格变量设为1。油菜市场价格取自于历年《中国农产品价格调查年鉴》。

（5）成灾面积

成灾面积大小直接影响地区小麦产量。因此，本研究使用各年度小麦成灾面积衡量自然灾害因素对小麦产量的影响。由于无法直接获取各地区小麦作物的成灾面积，本研究采用小麦播种面积占农作物播种面积的比重进行折算，按比例计算小麦受灾面积。农作物播种面积和成灾面积数据来源于历年《中国农村统计年鉴》。

（6）技术进步

本研究选取小麦产量衡量农户供给行为，长期来看，技术进步是影响小麦产量的重要因素，这里使用时间趋势 T 来反映技术进步对小麦产量的影响。

上述变量的定义与描述性统计见表 4.1。

表 4.1　变量定义与描述性统计

变量名称	变量定义	平均值	标准差
被解释变量			
$\ln Q_t$	当期小麦生产量（吨）	13.857	1.164
解释变量			
$\ln P_{t-1}$	滞后一期小麦市场收购价格（元/吨）	7.392	0.099
$\ln P_{t-1}^m$	滞后一期小麦政策收购价格（元/吨）	7.548	0.186

---

① 河北、山东两省的蔬菜作物种植面积占有一定的比例，但是由于小麦是大田作物，播种规模较大，农户更倾向于播种小麦而不是经济作物（蔬菜）。

（续）

变量名称	变量定义	平均值	标准差
$\ln A_{t-1}$	当期小麦播种面积（公顷）	12.143	1.067
$\ln P_t^c$	当前小麦生产成本（元/公顷）	8.923	0.218
$\ln P_{t-1}^s$	滞后一期小麦替代作物价格（元/吨）	2.157	3.604
$\ln dis_t$	当期小麦生产成灾面积（公顷）	9.067	1.306
$\ln T$	时间趋势变量	1.591	0.712

4.2 实证检验结果

为了更直观地展示粮食最低收购价政策对农户供给行为的影响，本研究分别对考虑最低收购价格的情形和不考虑最低收购价格的情形进行了回归，估计结果如表 4.2 中模型 1 和模型 2 所示。根据 Hausman 检验结果，模型 1 和模型 2 均应设定为固定效应回归模型。从模型的拟合优度和 F 统计量的值来看，模型的整体拟合效果较好。

表 4.2 中模型 1 和模型 2 的估计结果中最主要的区别在于小麦市场收购价格对小麦供给的影响。模型 1 中未将小麦政策收购价格纳入回归，此时小麦市场收购价格对小麦产量的影响系数为 0.226，且在 1％置信水平下显著，说明小麦市场收购价格每上涨 1％，农户将增加 0.226％单位的小麦供给。然而，当模型 2 中将滞后一期的小麦最低收购价格纳入回归中时，估计结果显示，小麦市场收购价格对小麦产量供给的影响不仅在影响力度上被削弱，且并未通过显著性检验。相反，模型 2 中小麦滞后一期的最低收购价格对小麦产量的正向刺激作用十分明显，最低收购价格上升 1％，小麦产量将增加 0.183％，且在 1％显著性水平上通过检验。对比分析模型 1 和模型 2 的回归结果可以发现，小麦主产区农户的生产决策主要受最低收购价格引导，而最低收购价格对农户供给行为的影响主要表现为正向激励作用。因此，最低收购价格的提高将带来小麦市场供给量的持续增长。

表 4.2　粮食最低收购价格对小麦主产区农户供给行为影响估计结果

变量	模型 1	模型 2
$\ln P_{t-1}$	0.226***	0.061
	(5.55)	(1.04)
$\ln P_{t-1}^{m}$	—	0.183***
		(4.34)
$\ln A_{t-1}$	0.921***	0.978***
	(34.86)	(39.23)
$\ln P_{t}^{c}$	−0.044*	−0.095**
	(−1.93)	(−2.60)
$\ln P_{t-1}^{s}$	0.169***	0.092***
	(5.81)	(4.50)
$\ln dis_{t}$	−0.011***	−0.010**
	(−2.89)	(−2.54)
$\ln T$	0.039***	0.035***
	(4.13)	(3.36)
c	0339	0.333
	(1.05)	(0.99)
R^2	0.822	0.821
F 统计量	130.81***	119.11***
样本量	561	561

注：*、**、*** 分别在 10%、5% 和 1% 显著性水平下拒绝原假设；括号内为 t 值。

　　小麦的替代作物价格与小麦产量表现为正相关关系，系数分别为 0.169 和 0.092，且均在 1% 置信水平下显著。这似乎与现实判断相悖，一般认为，小麦竞争作物价格越高，意味着种植收益越高，那么替代作物价格与小麦产量应该呈负相关关系，而这里的回归结果显示，尽管替代作物的价格上涨，农户依然选择增加小麦供给。本研究认为有这样两个可能的解释：一方面小麦的主要替代品种是油菜，从作物的机械化程度看，小麦基本实现机耕、机播、机收的全程机械化，种植简便，而油菜收获时容易产生角果裂角落粒，收割过程需要轻割、轻放、轻捆、轻运以降低不必要的损失。因此，综合考虑两种作物的种植成本和种植习惯，农户更倾向于种植小麦。另一方面，由于小麦是受政策扶持的品种，其种植具有收益的稳定性，而其他作物的价格易受市场供求因素影响，导致收益的不确定性，相较而言，农户更倾向于种植小麦。在模型2中，替代作物价格由0.169下降为0.092，说明小麦最低收购价格政策的实施更加坚定了农户供给小麦的决策。

从其他变量的回归结果来看，模型1和模型2并未表现出显著差异，代表技术进步影响的时间趋势变量在两个模型中均表现为显著正向影响。作为代表小麦种植规模变化的变量，上一期播种面积与小麦产量关系最为密切。由于小麦属于大田作物，播种面积短期内难以改变，因此种植规模对其产量具有显著正向影响。在模型1和模型2中，播种面积的回归系数分别高达0.921和0.978，且均在1%置信水平下显著。小麦生产成本对产量的影响为负向，这与实际情况较为相符，即生产成本越高，农户的种植收益越低，种植意愿也将随之下降，直接影响小麦产量供给。在模型1和模型2中，小麦生产成本的系数分别为−0.044和−0.095，并在10%和5%置信水平下显著。最后，小麦种植成灾面积与小麦产量表现呈负相关关系，且不管有无小麦最低收购价格，回归系数和显著性均未出现明显变化。

4.3 价格支持与粮食市场均衡价格的互动机制

4.3.1 价格支持与粮食供给

根据实证结果分析可知，政府每年公布的最低收购价格是影响主产区农户粮食供给的主要因素。最低收购价格通过引导种粮农户的价格预期，进而对其粮食供给行为产生影响，这已成为决定粮食市场均衡价格的主导力量（图4.1）。其内在逻辑在于：第一期，在粮食生产正常进行，且不存在自然灾害等偶然性因素影响，粮食市场保持正常产量或少量增产的情况下，粮食市场均衡价格可能偏低，导致农户经营性收入无法保障。为了保证农民增收和粮食增产，政府将启动高于粮食市场均衡价格的最低收购价格进行托市收购。政策收购的实质在于，通过扩大市场需求将市场均衡价格维持在政策收购价格水平。此时，粮食市场需求不仅包括口粮需求、饲料用粮、工业用粮及贸易用粮等方面，还将形成政府购买需求，政府入市收购避免出现农户卖粮难的问题。政策托底不仅使得当期粮食市场由低价格低数量的均衡向高价格高数量的均衡转变，而且还将成为农户价格预期的主要引导因素，指导其进行第二期的生产决策。在此背景下，农户将受政策价格刺激扩大粮食生产，粮食市场因此出现增产现象。市场均衡价格因此受到下行压力，政府出面进行敞开收购，通过扩大需求的方式将市场均衡价格维持在政策支持水平。长此以往，上述粮食市场运行机制将围绕"粮食增产—市场价格低迷—政策托底—扩大生产—市场价格再度低迷—政策持续托底—……"的路径形成循环。

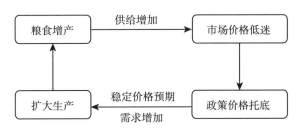

图 4.1　价格支持政策运行机制

可以看出，首先，政府通过不断进行政策收购的形式，扩大粮食需求，进而使得粮食市场价格维持在政策收购价格水平；而政策收购价格也已经取代粮食市场均衡价格，成为指导种粮农户进行粮食生产的主要信号。其次，政府为了将市场均衡价格维持在政策支持水平，不断进行市场收购来消化市场多余供给，这导致我国粮食库存持续增加。表4.3显示的是2008—2016年我国粮食价格支持力度不断升级阶段，稻谷、小麦和玉米的市场流通量变化情况。2016年，稻谷、小麦和玉米的产量分别为20 708、12 885和21 955万吨，相较于2008年分别增加7.9%、14.6%和32.6%，呈现明显的上升趋势。与此同时，根据数据估算，我国三大粮食品种的库存量连续创下历史新高。

表 4.3　2008—2016 年中国三大粮食品种供需平衡表

单位：万吨

		2008 年	2009 年	2010 年	2011 年	2012 年	2013 年	2014 年	2015 年	2016 年
大米	产量	19 190	19 510	19 576	20 100	20 424	20 361	20 651	20 823	20 708
	净进口	−67	−45	−25	6	208	177	214	306	305
	消费量	18 317	18 425	19 250	19 550	19 600	19 880	19 960	19 850	19 904
	库存量	806	1 846	2 147	2 703	3 735	4 393	5 298	6 577	7 686
小麦	产量	11 246	11 512	11 518	11 740	12 102	12 193	12 621	13 019	12 885
	净进口	−9	89	122	121	369	550	297	297	336
	消费量	11 620	11 430	11 556	11 615	12 040	11 848	11 890	11 330	11 610
	库存量	−383	−212	−128	118	549	1 444	2 472	4 458	6 069
玉米	产量	16 591	16 397	17 725	19 278	20 561	21 849	21 565	22 463	21 955
	净进口	−20	−5	145	162	495	319	258	472	316
	消费量	16 233	16 999	17 620	17 990	19 009	18 416	17 410	18 200	20 630
	库存量	338	−269	−19	1 431	3 478	7 230	11 643	16 378	18 019

注：当年粮食库存变动量＝当年粮食产量＋当期净进口量—当期消费量＋上期库存结转。
数据来源：布瑞克数据库。

4.3.2　价格支持与粮食市场均衡价格

预期价格（或预期利润）是农户进行生产决策的重要依据，也是价格支持政策得以促进粮食增产的理论基础。然而，粮食不断增产的同时，根据供求决定价格的经济理论，粮食市场均衡价格将处于较低水平。对农户而言，在种粮收益和售粮渠道均有良好保障的情况下，其种粮积极性被激发，具有较高意愿进行粮食种植。此时不存在因供给价格弹性小于需求价格弹性而出现"发散型蛛网"的价格波动放大效应。就粮食市场均衡价格而言，可分为实际价格和名义价格，这里的实际价格指的是在粮食不断增产的背景下，市场实际的供求均衡下的价格水平；而名义价格则是指在政府托市收购和储备吸收市场过剩供给情况下的市场供求均衡价格①。总的而言，粮食市场实际均衡价格一直处于较低水平，而名义价格即为政策收购价格，且政策出台及支持力度不断上升期间，政策收购价格已逐渐成为市场运行价格，指导粮食产业链上下游进行资源配置。因此，在政策调控背景下，若不考虑粮食储备规模的扩大，政策收购价格即为粮食市场均衡价格，粮食市场是以政府定价为核心的价格形成机制，至于其他各方面市场力量对粮食价格是否存在影响，将在其他章节探讨。

---

① 这里需要对文中所提及的粮食市场实际供求均衡与名义供求均衡进行清晰界定，两种均衡状态的最主要区别在于是否存在政策购买需求。实际供求均衡中粮食市场供给，包括当期粮食产量、当期进口量及上期结余库存量，并且不存在政府储备需求，市场均衡价格处于较低水平；而名义供求均衡中粮食市场存在政府入市收购行为，是价格支持政策体系的调控工具之一，因而可通过储备调控发挥"蓄水池"功能，吸收市场超额供给，将市场均衡维持在政府的定价水平，因此名义市场均衡价格亦等于政策收购价格。

第5章 政策支持下粮食价格与生产成本动态相依性的实证分析

马克思主义政治经济学认为价值决定价格。从这一角度来看，粮食生产成本是产业链上游的要素投入，而粮食生产价格是产业链下游的产品收益，存在上游生产成本对下游生产价格的纵向垂直传递作用，因此生产成本是粮食价格形成的基础（范成方，2019）。

自 2004 年以来，随着农业税的逐步取消和粮食价格支持等强农惠农政策的执行，粮食市场价格得以持续上涨，同时粮食生产成本也呈现出明显的上涨趋势，中国粮食生产收益开始出现连续下降的情况。尤其是在 2007 年以后，农业生产成本呈现出十分迅猛的上涨态势，对农业生产产生了深远的影响。为了稳定农业生产收益，保障粮食等基础农产品的供给，确保国家粮食安全，政府自 2008 年起，轮番提高主要粮食品种的市场价格补贴力度。然而，值得注意的是，每轮政策支持价格的上调均伴随着生产资料价格的快速跟进，使得生产成本与粮食市场价格呈现出大致相同的波动幅度和趋势（图 5.1）。以最低收购价格政策主要支持的品种稻谷和小麦为例，2004 年 1 月至 2018 年 12 月，籼稻、粳稻和小麦的集贸市场价格分别上涨了 116%、108% 和 98%。剔除价格因素，实际增长率分别达到 51%、44% 和 37%，而同期农业生产资料价格的实际上涨幅度也近 33%，二者的波动呈现出一定的耦合性。那么这里就涉及两个需要深入研究和分析的问题：首先，粮食生产成本与生产价格之间具有何种互动机制？如果仅存在生产成本对生产价格的垂直传递，那么为何政策实施期间，两价格序列呈现同幅度的动态变化？其次，在价格支持政策影响下，粮食价格与生产成本之间的互动关系是否发生变化？

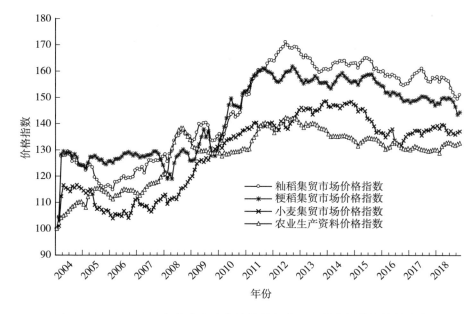

图 5.1　2004—2018 年粮食生产价格指数与农业生产资料价格指数走势

　　关于农产品生产成本与市场价格之间的作用关系和传导机制，学术界存在着广泛的争论，逐渐形成了两种代表性的观点。一方面，有学者认为，农业要素价格与生产价格之间存在单向或双向影响的作用机制。Apergis 和 Rezitis（2003）通过实证分析农业投入品价格与农产品市场价格之间的波动溢出效应，认为农业投入品价格对农产品市场价格存在正向的波动溢出效应；肖皓等（2014）从成本传导能力的角度分析了农产品价格上涨的原因，认为农业投入要素价格上涨将助推农产品价格上涨，且不同农产品之间的成本传导能力存在差异；郭其友和万大艳（2013）利用脉冲响应函数和 Granger 因果检验研究了农业生产成本、粮食价格及农户收入之间的关系，认为农业生产资料价格和粮食价格可能存在相互影响，并提出控制农业生产资料价格上涨幅度的建议。另一方面，也有学者认为，农产品成本对农产品市场价格影响微弱，且市场价格对成本的传导作用也不明显。例如，星焱（2013b）通过 RSVAR 等计量方法实证研究了粮食生产价格与粮食市场价格、粮食生产成本之间的数量关系，发现 21 世纪以来种粮成本对粮食生产价格形成机制的影响微弱，且粮食市场价格对种粮成本的传导作用并不明显，得出粮食收购市场价格形成偏离生产的结论。至此，学者们对于农产品生产成本和市场价格之间的因果关系并未形成统一的认识。

基于此，本章将在第三章的分析框架基础上，着重对粮食生产成本和生产价格之间的动态相依关系进行实证检验，以期对价格支持政策调控背景下，粮食生产价格持续上行的原因进行合理解释。

5.1 粮食价格与生产成本相依性检验

5.1.1 粮食价格与生产成本的相依机制

鉴于现有文献对粮食生产价格与生产成本之间相互传递的因果关系并未形成一致结论，本章试图在前期分析框架的基础上对二者之间的传递关系进行简要总结，并明确有待验证的研究假说，为后续实证检验进行铺垫。

5.1.1.1 上游生产成本向下游产品价格的正向传导

根据马克思生产价格理论和平均利润学说，自由竞争条件下，农产品生产价格是由其生产费用加上平均利润构成。马克思将生产费用亦看作成本价格，即成本价格加上合理的利润构成了粮食生产价格的两个关键组成部分。这将直接决定农户的种粮收益和生产积极性，这也是政府刺激粮食生产、保障农户种粮收益的重要手段。现阶段以托市收购为核心的价格支持政策便是按照这一原则进行定价的。因此，上游要素市场价格的波动可能会通过"初级产品-中间产品-最终产品"的产业链传递给下游农产品生产价格，属于供给冲击带来的影响。基于以上分析，提出研究假说如下：

H_1：生产成本对粮食生产价格具有正向传导作用，即生产成本对生产价格具有显著的溢出效应。

5.1.1.2　下游产品价格向上游生产成本的反向传递

随着理论研究的不断发展，现有分析表明，作为产业链下游的最终产品价格对上游投入要素价格也存在反向引导作用（Colclough 和 Lange，1982；Caporale 等，2002）。市场对农产品的需求很大程度上决定了农产品价格，而农产品价格的变动将对投入品的需求甚至价格产生直接影响。因此，农产品的价格将通过需求冲击对要素价格起决定性作用。

与其他产品市场不同，农产品市场的弱质性与外部性导致其价格形成机制的市场化程度依然较低，尤其是以粮食为代表的基础农产品。以政府定价为核心的粮食生产价格支持政策实施多年，且国际粮食危机后政策支持力度的不断加大，加之国家托底收购保证市场需求，致使种粮农户形成稳定的生产价格预期，不断扩大价格支持粮食品种的种植面积（星焱，2013a）。粮食产量的提高带来了投入要素数量和质量的双重需求，需求升级可能会导致投入要素价格的上涨，进而形成下游生产价格向上游生产成本的反向倒逼。基于以上分析，提出研究假说如下：

H_2：粮食生产价格对生产成本具有反向传递作用，即生产价格对生产成本存在显著的溢出效应。

H_3：粮食生产价格与生产成本之间具有螺旋波动关系，即生产价格与生产成本之间存在双向溢出效应。

5.1.2　粮食价格与生产成本相依关系检验模型

市场间价格信息传递包括两方面信息的传递，一是价格水平信息，二是价格波动信息。因此，这里需要检验的生产成本与生产价格之间的互动关系，既包括两个市场价格水平信息，也包括价格波动信息之间的互动关系。这里拟利用市场间的"溢出效应"来判断农产品生产价格与要素价格之间是否存在螺旋波动的相依关系。市场间价格的"溢出效应"是指某商品价格不仅受自身前期价格的影响，还受其他相关产品前期市场价格的影响，分为均值溢出效应（一阶矩）和波动溢出效应（二阶矩）两个维度[①]，在研究市场间互动性上具有明显优势。

5.1.2.1 均值溢出效应检验：VAR 模型

均值溢出效应可使用向量误差修正模型（VEC）或向量自回归模型（VAR）进行测度。具体采用何种模型取决于价格序列之间是否存在协整关系，若存在，则采用 VEC 模型，若不存在则采用 VAR 模型。

向量自回归模型（VAR）是由 Sims（1980）最先提出的一种多变量数据分析方法，并被引入经济学中。该模型不以经济理论为基础，而是直接考虑时间序列中各经济变量间的关系，采用多个方程联立的形式，把系统中每一个内生变量作为系统中所有内生变量的滞后值的函数来构造模型。在模型的每个方程中，内生变量对模型的全部内生变量的滞后值进行回归，进而估计全部内生变量的动态关系并进行预测。模型的一般形式为：

$$Y_t = \alpha + \sum_{i=1}^{p} \beta_i Y_{t-i} + \varepsilon_t \qquad (5.1)$$

式（5.1）中，$E(\varepsilon_t) = 0$，$E(\varepsilon_t, Y_{t-i}) = 0$，$i=1, 2, \cdots, p$。$Y_t$ 是 $(n \times 1)$ 向量组成的同方差平稳的线性随机过程，β_i 是 $(n \times n)$ 的系数矩阵，Y_{t-i} 是 Y_t 向量的 i 阶滞后变量，ε_t 是随机扰动项，满足零均值、同方差、无自相关、与解释变量独立的古典假定。

据此，上游生产要素价格与下游粮食价格之间的 VAR 模型设定如下：

$$\begin{bmatrix} y_{1t} \\ y_{2t} \end{bmatrix} = \begin{bmatrix} \beta_{10} \\ \beta_{20} \end{bmatrix} + \sum_{i=1}^{p} \begin{bmatrix} \beta_{1i} & \gamma_{1i} \\ \beta_{2i} & \gamma_{2i} \end{bmatrix} \times \begin{bmatrix} y_{1t-i} \\ y_{2t-i} \end{bmatrix} + \begin{bmatrix} \varepsilon_{1t} \\ \varepsilon_{2t} \end{bmatrix} \qquad (5.2)$$

式（5.2）中，y_{1t} 和 y_{2t} 分别为粮食价格与生产要素价格的一阶差分，p 代表滞后阶数。β_{1i} 表示粮食价格滞后项对当期粮食价格的影响，γ_{1i} 表示生产要素价格滞后项对粮食价格的影响；β_{2i} 表示生产要素价格滞后项

[①] 市场间价格信息传递包括价格水平信息和价格波动信息，从计量模型角度看，价格水平信息传递即指市场价格均值溢出效应，价格波动信息传递即指市场价格波动溢出效应。

对当期生产要素价格的影响，γ_{2i}表示粮食价格滞后项对生产要素价格的影响。

向量误差修正模型（VEC）是含有协整约束的 VAR 模型，多应用于具有协整关系的非平稳时间序列建模。Engle 和 Granger（1987）结合协整检验和误差修正模型，建立 VEC 模型。若价格序列间存在协整关系，可用向量误差修正模型来描述。VEC 模型一般形式表达如下：

$$\Delta Y_t = \alpha ecm_{t-1} + \sum_{i=1}^{p-1} \Gamma_i \Delta Y_{t-i} + \varepsilon_t \qquad (5.3)$$

式（5.3）中每一个方程都是一个误差修正模型。若进一步考虑包含粮食价格和生产要素价格的两变量 VEC 模型，此时式（5.3）可表示为：

$$\begin{pmatrix} \Delta y_{1t} \\ \Delta y_{2t} \end{pmatrix} = \begin{pmatrix} \alpha_1 \\ \alpha_2 \end{pmatrix} (y_{1t-1} - \beta y_{2t-1}) + \sum_{i=1}^{p-1} \begin{pmatrix} \Delta y_{1t-i} \\ \Delta y_{2t-i} \end{pmatrix} + \begin{pmatrix} \varepsilon_{1t} \\ \varepsilon_{2t} \end{pmatrix} \quad (5.4)$$

式（5.4）中，$y_{1t-1} - \beta y_{2t-1}$为误差修正项，$\alpha_1$、$\alpha_2$是误差修正系数，分别反映粮食价格和生产要素价格偏离长期均衡状态时调整回均衡状态的速度，也是两价格序列受到短期冲击后调整回均衡价格的速度。

5.1.2.2 波动溢出效应模型检验：BEKK – GARCH 模型

波动溢出效应展现的是市场波动和风险的相互传导，可借鉴 Engle 和 Kroner（1995）提出的 BEKK 参数化方法，建立 BEKK – GARCH 模型进行研究。BEKK 模型形式如下：

首先设定均值方程：

$$P_t = \varphi_0 P_{t-1} + \varepsilon_t, \quad \varepsilon_t \sim N(0, H_t) \qquad (5.5)$$

式（5.5）中，H_t为残差ε_t的条件方差—协方差矩阵，可进一步展开为如下形式：

$$\boldsymbol{H}_t = CC' + A(\varepsilon_{t-1}\varepsilon'_{t-1})A' + BH_{t-1}B' \qquad (5.6)$$

$$\boldsymbol{H}_t = \begin{bmatrix} h_{11,t} & h_{12,t} \\ 0 & h_{22,t} \end{bmatrix}, \boldsymbol{C} = \begin{bmatrix} c_{11} & c_{12} \\ 0 & c_{22} \end{bmatrix}, \boldsymbol{A} = \begin{bmatrix} a_{11} & a_{12} \\ a_{21} & a_{22} \end{bmatrix}, \boldsymbol{B} = \begin{bmatrix} b_{11} & b_{12} \\ b_{21} & b_{22} \end{bmatrix}.$$

式（5.6）中，$\boldsymbol{H}_t$为 2×2 维对称矩阵，表示条件残差在时间 t 内的一阶方差协方差矩阵；$\boldsymbol{C}$为常数上三角形矩阵。$\boldsymbol{A}$是由 a_{11}、a_{12}、a_{21} 和 a_{22} 组

成的 ARCH 项系数矩阵，用以反映波动的时变性；$\boldsymbol{B}$ 是由 b_{11}、b_{12}、b_{21} 和 b_{22} 组成的 GARCH 项系数矩阵，用以反映波动的持续性。进一步地，可将式（5.6）中条件方差—协方差矩阵 $\boldsymbol{H}_t$ 的表达式展开如下：

$$h_{11,t} = c_{11}^2 + a_{11}^2 \varepsilon_{1,t-1}^2 + 2a_{11}a_{12}\varepsilon_{1,t-1}\varepsilon_{2,t-1} + a_{12}^2\varepsilon_{2,t-1}^2 +$$
$$b_{11}^2 h_{11,t-1} + 2b_{11}b_{12}h_{21,t-1} + b_{12}^2 h_{22,t-1} \quad (5.7)$$

$$h_{22,t} = c_{21}^2 + c_{22}^2 + a_{21}^2\varepsilon_{1,t-1}^2 + 2a_{21}a_{22}\varepsilon_{1,t-1}\varepsilon_{2,t-1} + a_{22}^2\varepsilon_{2,t-1}^2 +$$
$$b_{21}^2 h_{11,t-1} + 2b_{21}b_{22}h_{21,t-1} + b_{22}^2 h_{22,t-1} \quad (5.8)$$

$$h_{12,t}（或 h_{21,t}）= c_{11}c_{21} + a_{11}a_{21}\varepsilon_{1,t-1}^2 + (a_{11}a_{22} + a_{12}a_{21})\varepsilon_{1,t-1}\varepsilon_{2,t-1} +$$
$$a_{12}a_{22}\varepsilon_{2,t-1}^2 + b_{11}b_{21}h_{11,t-1} + (b_{11}b_{22} + b_{12}b_{21})h_{12,t-1} +$$
$$b_{12}b_{22}h_{22,t-1} \quad (5.9)$$

上式中，$h_{11,t}$ 为第一个市场的条件方差；$h_{22,t}$ 为第二个市场的条件方差；$h_{12,t}$ 为两市场间的条件协方差。矩阵 $\boldsymbol{A}$ 中的元素 a_{11}、a_{22} 表示市场自身波动的 ARCH 效应，用以反映波动的时变性特征；矩阵 $\boldsymbol{B}$ 中的元素 b_{11}、b_{22} 表示市场自身波动的 GARCH 效应，用以反映波动的持续性特征。矩阵 $\boldsymbol{A}$ 中的元素 a_{12}、a_{21} 分别表示不同市场间的冲击传导效应；矩阵 $\boldsymbol{B}$ 中的元素 b_{12}、b_{21} 分别表示不同市场间的波动传导效应。冲击传导效应和波动传导效应统称为波动溢出效应。对于上述模型，本研究采用极大似然方法进行参数估计：

$$\ln l(\theta) = -\frac{TN}{2}\ln 2\pi - \frac{1}{2}\sum_{i=1}^{T}(\ln|H_t| + \varepsilon_t' H_t^{-1}\varepsilon_t) \quad (5.10)$$

式（5.10）中，θ 指所有待估参数，T 为观测值的数目，N 为序列数量。这里采用由 Berndt 等（1974）提出的一种优化似然函数的算法（BHHH 算法），它有较好的收敛性和统计性质，迭代过程如下：

$$\theta^{(i+t)} = \theta^{(i)} + k_i\left(\sum_{i=1}^{n}\frac{\partial l_t}{\partial\theta}\frac{\partial l_t}{\partial\theta'}\right)^{-1}\sum_{i=1}^{n}\frac{\partial l}{\partial\theta}\bigg|_{\theta=\theta^{i0}} \quad (5.11)$$

式（5.11）中，n 为样本数，k_i 为第 i 搜索步长，取在该搜索方向上使似然函数极大化的步长。选取适当的初始值后，重复式（5.11），直至结果收敛于某值。利用该方法，可得到各参数的估值及其对应的方差和协方差矩阵。

那么，如何判断价格序列间的波动溢出效应？价格波动主要来自两方面：一是自身和对方前期绝对残差及彼此间相互影响；二是自身与对方前期波动及彼此间的协方差。若 $a_{12}=b_{12}=0$，则式（5.7）变形为 $h_{11,t}=c_{11}^2+a_{11}^2\varepsilon_{1,t-1}^2+b_{11}^2h_{11,t-1}$，说明价格1的条件方差仅受自身前期绝对残差与波动的影响，价格2对价格1不存在波动溢出效应。反之，若 $a_{12}\neq0$ 或 $b_{12}\neq0$，说明价格2对价格1存在波动溢出效应。若 $a_{21}=b_{21}=0$，则式（5.8）变形为 $h_{22,t}=c_{21}^2+c_{22}^2+a_{22}^2\varepsilon_{2,t-1}^2+b_{22}^2h_{22,t-1}$，说明价格2的条件方差仅受自身前期绝对残差与波动的影响，价格1对价格2不存在波动溢出效应。反之，若 $a_{21}\neq0$ 或 $b_{21}\neq0$，说明价格1对价格2存在波动溢出效应。同理，若 $a_{12}=b_{12}=a_{21}=b_{21}=0$，即系数矩阵 **A**、**B** 的非对角元素同时为0，则价格1与价格2之间不存在波动溢出效应。反之，若 a_{12}、b_{12}、a_{21} 和 b_{21} 中任意一个不为零，则价格1与价格2间存在双向波动溢出效应。更直接地，对条件方差方程估计参数进行 Wald 检验，可判断是否存在波动溢出效应。Wald 检验原假设表述如下：

H_{10}：$a_{12}=b_{12}=0$，上游要素价格对下游粮食价格不存在波动溢出效应；

H_{20}：$a_{21}=b_{21}=0$，下游粮食价格对上游要素价格不存在波动溢出效应；

H_{30}：$a_{12}=b_{12}=a_{21}=b_{21}=0$，下游粮食价格与上游要素价格之间不存在波动溢出效应。

5.1.3 数据来源与说明

粮食价格受政策因素影响显著，中国不同粮食品种的政策调控力度有所不同，为了消除政策差异性的影响，本研究仅选取最低收购价政策的补贴品种（稻谷和小麦）作为研究对象，所用数据分别为籼稻集贸市场价格指数（$rice$）和小麦集贸市场价格指数（$wheat$）。受数据可获性限制，这里选取农业生产资料价格指数（$cost$）来表示粮食生产要素价格，农业生产资料价格指数是机械化农具、饲料、化肥、农药以及生产性服务价格指数等的综合，可作为粮食生产成本的代表性指标。由于最低收购价政策从2004年起实施，因此，本研究的样本区间设定为2004年1月至2018年12月，以2004年1月为基期将样本序列整理为定基月度价格数据。为了排除通货膨胀影响，本研究使用居民消费价格指数对数据进行折算，接着对样本进行X-12季节调整，最后对价格数据取对数消除异方差。所有样本数据均来源于Wind数据库。

处理后的稻谷市场价格、小麦市场价格、农业生产资料价格分别用lnrice、lnwheat和lncost表示，一阶差分Drice、Dwheat和Dcost分别表示稻谷市场价格、小麦市场价格和农业生产资料价格的波动率。

表5.1所示为各变量的描述性统计，从均值和标准差可以看出，样本区间内各价格指数的数值及波动幅度均较为相近，说明存在螺旋式变化的可能性。从JB统计量来看，所有样本序列均在1%的置信水平下拒绝正态分布的原假设，且偏度小于0，表现出左偏的非正态分布特征，但峰度均小于3，说明各变量分布较为平坦。

表5.1　各变量描述性统计

变量	平均值	最大值	最小值	标准差	偏度	峰度	JB统计量
lnrice	4.971 8	5.136 4	4.607 7	0.126 9	−0.511 4	1.943 9	16.122 2***
lnwheat	4.854 2	4.999 8	4.604 1	0.115 2	−0.543 2	1.773 0	20.033 2***
lncost	4.847 6	4.952 6	4.621 2	0.083 3	−0.898 6	2.613 6	25.203 3***

注：*** 表示1%显著性水平下拒绝原假设。

5.2 实证检验结果

5.2.1 平稳性检验

各变量序列ADF平稳性检验结果如表5.2所示，各变量原序列均为非平稳时间序列，而其一阶差分序列为平稳序列，说明各变量均为一阶单整，满足协整检验和VAR模型的前提条件。

表 5.2　变量 ADF 平稳性检验

变量	ADF 值	检验概率	结论	变量	ADF 值	检验概率	结论
ln$rice$	−2.352 1	0.157 0	非平稳	Dln$rice$	−10.667 3	0.000 0	平稳
ln$wheat$	−1.944 3	0.311 4	非平稳	Dln$wheat$	−9.593 6	0.000 0	平稳
ln$cost$	−2.203 6	0.205 8	非平稳	Dln$cost$	−5.237 1	0.000 0	平稳

5.2.2　协整检验

为了探究不同粮食市场价格与要素价格之间是否存在协整关系，我们需要进行 Johansen 检验。Johansen 检验是以 VAR 模型为基础，具有良好小样本特性的多变量协整检验方法。本研究依据 AIC、SC 原则确定最优滞后阶数为 2，并根据各变量 ADF 检验结果，选择含有截距和趋势项的方程作为 Johansen 协整方程的类型。最终得到的协整检验结果如表 5.3 所示，不管是迹检验还是最大特征值检验，均表明稻谷和小麦的市场价格与农业生产资料价格两对序列在 5% 置信水平上拒绝协整向量个数为 0 的原假设，并接受协整向量至少为 1 的假设。由此可见，稻谷、小麦市场价格指数，均与农业生产资料价格指数之间呈现出显著的长期均衡关系，初步可见产业链上下游之间的相依性。

表 5.3　变量间的 Johansen 协整检验

变量	原假设	特征值	迹检验		最大特征值检验	
			统计量	检验概率	统计量	检验概率
ln$rice$，ln$cost$	None*	0.099 4	20.001 5	0.009 8	18.228 6	0.011 2
	At most 1	0.010 1	1.772 9	0.183 0	1.772 9	0.183 0
ln$wheat$，ln$cost$	None*	0.130 0	26.941 4	0.000 0	24.240 8	0.001 0
	At most 1	0.015 4	2.700 6	0.100 3	2.700 6	0.100 3

注：* 表示 5% 显著性水平下拒绝原假设。

5.2.3　均值溢出效应检验

为了评估各市场对非均衡的修正机制，这里构建 VEC 模型。稻谷和小麦市场价格与农业生产资料价格之间的 VEC 模型检验结果如表 5.4 所示，F 统计量均在 5‰ 置信水平下显著，说明 VEC 模型设定较为合理。lnrice - lncost 的 VEC 检验结果显示，稻谷市场价格和农业生产资料价格指数的误差修正系数分别为 -0.023 8 和 0.012 0，均在 5‰ 置信水平下显著且符号相反，表明短期冲击导致稻谷价格高于长期均衡水平，将通过反向修正机制（下降）向长期均衡状态调整；而农业生产资料价格指数低于长期均衡水平，其将通过正向修正机制（上升）向长期均衡状态调整。此外，滞后一期的稻谷市场价格对农业生产资料价格指数具有显著的均值溢出效应，反之则不显著。lnwheat - lncost 的 VEC 检验结果显示，小麦市场价格的误差修正模型系数为 -0.028 3，在 1‰ 置信水平下显著，同样表明短期冲击会导致小麦市场价格高于长期均衡水平，并且具有向长期均衡状态调整的反向修正机制。此外，小麦市场价格和农业生产资料价格指数不仅受自身滞后期的影响，还明显受到对方滞后一期的价格指数的带动。据此，可以看出，上游要素市场价格与下游粮食市场价格之间存在相互影响的可能性，稻谷市场仅存在下游生产价格向上游要素价格的反向倒逼作用，而小麦市场既存在上游要素价格对下游生产价格的正向传导，也存在下游生产价格向上游要素价格的反向倒逼。为了使研究结果更加稳健，这里进一步使用 BEKK 模型描述下游市场价格与上游要素价格的相互影响关系。

表 5.4　VEC 模型估计结果

	Dlnrice	Dlncost		Dlnwheat	Dlncost
vecm$_{t-1}$	-0.023 8 *** (-2.877 7)	0.012 0 ** (2.259 9)	vecm$_{t-1}$	-0.028 3 *** (-3.321 9)	0.008 2 (1.429 0)
Dlnrice$_{t-1}$	0.031 7 (0.726 8)	-0.049 4 * (-1.768 6)	Dlnwheat$_{t-1}$	0.288 1 *** (4.966 4)	-0.087 0 ** (-2.211 6)
Dlnrice$_{t-2}$	0.012 5 (0.297 7)	-0.012 2 (-0.452 9)	Dlnwheat$_{t-2}$	-0.041 5 (-0.709 3)	0.039 1 (0.985 5)
Dlncost$_{t-1}$	0.090 3 (0.808 9)	0.319 0 *** (4.462 0)	Dlncost$_{t-1}$	-0.198 4 * (-1.852 7)	0.344 5 *** (4.740 4)

（续）

	Dln*rice*	Dln*cost*		Dln*wheat*	Dln*cost*
Dln*cost*$_{t-2}$	0.170 3	0.327 4 ***	Dln*cost*$_{t-2}$	−0.002 2	0.294 5 ***
	(1.512 6)	(4.542 6)		(−0.021 1)	(4.171 6)
F 统计量	2.976 5 **	15.083 6 ***	F 统计量	7.456 9 ***	14.914 9 ***

注：*、**、*** 分别表示 10%、5% 和 1% 显著性水平下拒绝原假设；括号中数字为 t 值；根据 AIC、SC 信息准则选择最优滞后阶数为 2 阶。

5.2.4 波动溢出效应检验

根据上述结果，本研究进一步使用 BEKK - GARCH（1，1）模型分解粮食市场价格与生产资料价格之间的波动溢出效应，并运用 Wald 检验对受约束模型的三个原假设进行检验。BEKK 模型分析结果既能体现方差时变性的 ARCH 效应，又能反映波动持久性的 GARCH 效应。这里使用极大似然法对模型相关参数进行估计，定量评估价格波动源于其自身及其他序列的影响，回归结果如表 5.5 所示。

需要说明的是，自 2004 年粮食最低收购价政策实施以来，粮食市场价格受政策因素的影响愈发明显，特别是在 2008—2014 年，政策收购价格连续 7 次轮番上涨，强势拉升了稻谷和小麦的市场价格。鉴于最低收购价调控力度的不同，本研究对 2008—2014 年的样本数据进行单独回归，估算结果可与 2004—2018 年全部样本数据进行对比分析，用以说明政策干预力度升级在粮食市场价格与农业生产资料价格间传导的作用。具体结论如下：

首先，各价格序列受自身前期波动影响显著。从分样本回归结果看，在稻谷市场的 BEKK 模型中，A（2，2）、B（1，1）、B（2，2）均在 1% 置信水平下显著，说明稻谷市场价格对自身存在 GARCH 型波动溢出效应，农业生产资料价格则同时受自身 ARCH 型和 GARCH 型波动溢出效应影响。在小麦市场的 BEKK 模型中，A（1，1）和 B（1，1）均在 1% 置信水平下显著，说明小麦市场价格和要素价格均对自身存在 ARCH 型的波动溢出效应。同样，在全样本回归结果中，除了小麦市场回归模型中的 B（2，2）系数不显著外，其他系数均在 1% 置信水平下显著，这表明从全样本角度看，稻谷市场价格、小麦市场价格及农业生产资料价格均受自身前期波动的影响较为显著。

其次，从 Wald 检验的结果可以看出，分样本（2008—2014）和全样本（2004—2018）的主要差异在于是否存在上游要素价格对下游生产价格的波动溢出效应。分样本（2008—2014）回归结果显示，稻谷市场和小麦市场的 BEKK 模型的 Wald 检验均在 10% 的显著性水平下接受原假设 H_{10}，即认为不存在上游生产资料价格对下游市场价格的波动溢出效应，仅存在下游市场价格对上游生产资料价格的单向波动溢出效应；而全样本（2004—2018）回归结果则显示存在上游要素价格与下游生产价格之间的双向波动溢出效应。

表 5.5　BEKK－GARCH（1，1）模型估计结果

系数	分样本：2008—2014		全样本：2004—2018	
	ln*rice*－ln*cost*	ln*wheat*－ln*cost*	ln*rice*－ln*cost*	ln*wheat*－ln*cost*
C（1，1）	−0.140 (−0.933)	0.001 (1.421)	−0.001** (−1.821)	0.002*** (4.995)
C（2，1）	−0.241** (−2.542)	−0.006*** (−9.541)	−0.003*** (−4.855)	0.004*** (8.504)
C（2，2）	0.000 3 (0.000 2)	−0.6e−07 (−0.4e−05)	−0.11e−07 (−0.402)	−0.1e−07 (−0.31e−06)
A（1，1）	0.162 (1.398)	0.454*** (2.731)	0.491*** (5.685)	−0.184*** (−3.712)
A（1，2）	0.028 (0.364)	0.391* (1.858)	0.589*** (4.266)	0.398*** (3.248)
A（2，1）	0.463** (2.326)	−0.629*** (−4.593)	−0.189*** (−4.199)	0.181*** (3.248)
A（2，2）	0.781*** (4.289)	0.017 (0.167)	0.385*** (4.702)	0.890*** (7.927)
B（1，1）	0.978*** (45.132)	0.586*** (3.573)	0.641*** (13.283)	−0.805*** (−9.816)

（续）

系数	分样本：2008—2014		全样本：2004—2018	
	lnrice − lncost	lnwheat − lncost	lnrice − lncost	lnwheat − lncost
B（1，2）	0.006 (0.275)	0.136 (0.697)	−0.669 *** (−8.668)	0.298 * (1.752)
B（2，1）	−0.301 *** (−3.057)	0.251 (1.473)	0.249 *** (8.730)	0.382 *** (5.101)
B（2，2）	0.655 *** (6.324)	0.109 (0.341)	0.821 *** (19.863)	0.165 (1.499)
Wald 检验	F 统计量		F 统计量	
$H_{10}：a_{12}=b_{12}=0$	0.137	2.197	37.620 ***	7.031 ***
$H_{20}：a_{21}=b_{21}=0$	4.724 ***	12.576 ***	39.331 ***	13.686 ***
$H_{30}：a_{12}=b_{12}=a_{21}=b_{21}=0$	3.454 ***	9.164 ***	72.128 ***	11.446 ***

注：*、**、*** 分别表示 10%、5%和 1%显著性水平下拒绝原假设；括号中数字为 t 值。

5.3 生产成本与粮食价格形成的互动机制

传统的产业链传递理论认为，生产资料价格代表产业链上游初级产品成本，粮食市场价格代表产业链下游的商品价格，上游生产成本的变化必将通过产业链向下游商品价格逐步传递，最后体现为生产资料价格带动市场价格的正向传导。然而，在现实中，粮食等基础农产品的弱质性导致粮食市场价格长期受到政策价格的支持和调控。种粮农户对未来粮食价格具有稳定预期，稳定的种粮收益将引导其进行相应的生产决策，主要表现为扩大种植面积、提升粮食产量，最终达成增收目标。然而，下游粮食产量的增加直接扩大了对上游生产要素的需求，进而形成需求扩张型的反向价格传导。因此，在表 5.5 中，可以看到 2004—2018 年全样本回归结果显示，既存在上游要素价格对下游生产价格的正向波动溢出效应，也存在下游生产价格对上游要素价格的反向波动溢出效应，二者是螺旋波动的相依关系。换言之，生产资料价格的变化将传递给粮食市场价格，而政策支持下市场价格的提升也将反向拉动生产要素价格的上涨。最终，形成"粮食增产—种粮边际成本上升—政策价格（市场粮价）上涨—粮食再度增产—种粮边际成本再次上升—政策价格（市场粮价）新一轮上涨"的螺旋上升式循环，如图 5.2 所示。这就解释了为何国内政策价格支持水平呈现持续上涨的走势。表面上看，种粮农户因政策价格的长期启动和不断抬升而获益，但实际上，忽略种粮成本谈收益并不合理。在政策刺激下，种粮成本的持续攀升压缩了粮食生产者的经营性收入，使得政策收购的"保收入"效应大打折扣。价格支持政策最终的受益者并不是种粮农户，而是作为超额成本转移给投入品供应商（程国强，2014）。

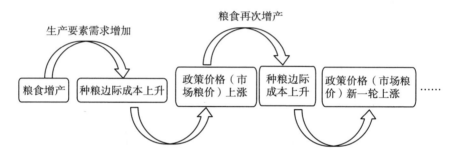

图 5.2　粮食价格与生产成本螺旋式上升式循环

然而，这一传导机制并非一成不变，2008—2014 年，政策调控对粮食收购市场的干预不断升级，托市收购多次提价。稻谷的最低收购价连续七年不断提高，早籼稻、中晚籼稻和粳稻的累计提价幅度分别达到了93%、92%和107%。2009—2014 年小麦连续 6 年提价，白小麦及红小麦和混合麦的累积提价幅度分别达到了 64%和 71%，导致上游生产资料价格的正向传递作用迅速弱化。因此，在分样本回归结果中，生产资料价格对稻谷和小麦市场价格的波动溢出效应并不显著。相反，政策调控强势引导粮食市场价格先行上涨，导致农户对投入要素的需求大幅增加，由此形成生产资料价格的滞后联动。因此，在政策干预升级阶段，主要表现为下游产品价格反向拉升上游要素价格的刺激作用，拉升粮食生产成本。

从第 4 章的分析可知，在粮食价格支持政策的干预下，粮食市场的均衡价格处于较低水平，价格支持政策连年启动，代替均衡价格运行于市。

通过本章的分析可知，价格支持政策不仅直接影响粮食供给，从而决定粮食市场价格，同时还将与生产要素价格形成螺旋式波动关系，而生产成本是粮食市场价格的形成基础，这种互相助推的作用关系导致粮食价格形成不断上涨的运行态势。

第 6 章
政策支持下期现价格引导
关系的实证分析

完善的市场体系应该是现货市场和期货市场的有机结合（马述忠等，2011）。期货市场价格发现和风险规避的两大职能能够有效发挥减缓现货市场价格波动、调节市场供求的作用（Silber，1981；查婷俊，2016），成为加工企业、贸易商和生产者规避价格风险的主要场所。因此，期现货市场之间的动态关系成为监管者和投资者关注的重要问题，直接影响期货市场的运行效率（华仁海，2005）。

现有研究从期货价格有效性、期现货价格关联性及期现货价格引导性3 个方面，对期现货市场开展了大量的有益探讨，其中关于期货价格与现货价格之间引导关系的研究成果众多，但研究结论不尽相同。期现货价格引导关系，即期现货价格间的领先滞后关系，反映了新信息在不同市场的传递机制，及不同市场对信息的反应速度（杜海鹏和程安，2019）。由于研究对象和研究背景的差异，目前对于期现货市场之间的具体引导关系存在多种说法，大致可分为四类：一是认为期货价格与现货价格之间存在双向引导关系，且以期货价格引导现货价格的作用为主（Garbade 和 Silber，1983；Stoll 和 Whaley，1990；华仁海和刘庆富，2010；张宗成和刘少华，2010；刘飞，2013）；二是认为期货价格与现货价格之间存在双向引导关系，且以现货价格引导期货价格的作用为主（Srinivasan 和 Ibrahim，2013；徐雪和罗克，2014；宋科艳，2016）；三是认为仅存在期货价格对现货价格的单向引导（Tse，1995；Chu 等，1999；李政等，2016；王苏生等，2017）；四是认为期现货价格之间仅存在现货价格对期货价格的单向引导（Srinvasan 和 Deo，2009；王拉娣和安勇，2014；Malhotra 和 Sharma，2016）。

尽管已有文献以股指期货及商品期货为研究对象，对期现货价格之间的引导关系进行了大量分析，并提出了多种观点，但关于农产品期现货市场价格引导作用的分析却相对较少。就现有少量研究结论来看，普遍接受的是期货价格引导现货价格的说法。类似研究有，刘凤军和刘勇（2006）的研究表明，大豆期现货价格间存在双向引导。黄建新和周启清（2014）则认为，国内玉米市场仅存在期货价格对现货价格的单向引导。郑燕和马骥（2018）对鸡蛋期现货市场的研究表明，鸡蛋期货市场对现货市场的价格引导关系更为显著，并指出期货市场具有较好的价格发现功能。刘毓海和周海川（2018）通过建立实证分析模型研究发现，从长期来看，国内玉米期货价格的上涨和下跌将引起现货价格的上涨与下跌。

农产品期货是期货市场最早上市的品种，一直以来都是期货市场的重要组成部分。2004—2019 年连续 16 年的中央 1 号文件中，不断强调农产品期货在引导生产、稳定市场、规避风险方面的积极作用。在此推动下，对期货市场的研究逐步展开。有观点认为，当前期货市场有效性欠缺的问题主要来源于生产者专业知识的缺乏和期货市场体制的不健全（马龙龙，2010）。但这往往忽略了粮食市场的一个重要因素，即价格支持政策对期货市场发展的影响。农业生产者可通过期货市场调整价格预期来进行生产决策，最终使现货市场更快地趋向长期均衡（Peck，1976）；而价格支持政策也通过影响生产者的种植预期和积极性，进而影响农产品的供给和价格变化。在这种情况下，种粮农户将面对政策价格和期货价格的双重预期，粮食市场存在政策管制，那么在此背景下，期现货价格之间又表现为何种关系呢？

图 6.1 至图 6.3 分别显示出 2009—2018 年小麦、玉米和大豆的期货

价格与现货价格走势及其波动情况[①]。无论是小麦、玉米还是大豆，其期货价格波动率均明显高于现货价格波动率。从三大粮食品种期货价格和现

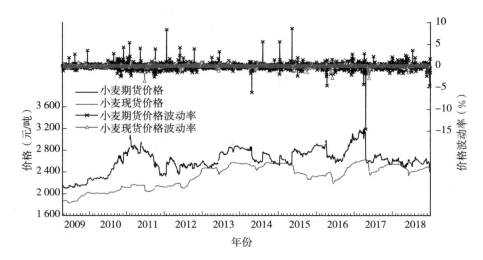

图 6.1　2009—2018 年小麦期货市场与现货市场价格走势及波动情况

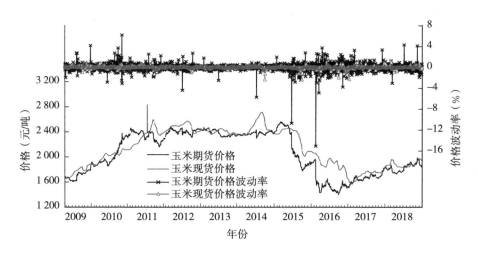

图 6.2　2009—2018 年玉米期货市场与现货市场价格走势及波动情况

[①]　图 6.1 至图 6.3 中，小麦、玉米和大豆的现货价格为农产品集贸市场价格，期货价格为各品种日结算价。现货价格数据来源于《农产品价格调查年鉴》，期货价格来源于大连商品交易所网站、郑州商品交易所网站和 Wind 数据库。

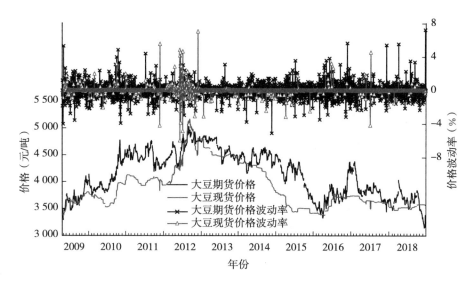

图 6.3　2009—2018 年大豆期货市场与现货市场价格走势及波动情况

货价格的走势来看，大豆的期现货价格涨跌趋势较为一致，而对于小麦和玉米，期现货价格走势关系在 2017 年前后出现了明显的变化。2017 年以前，期货市场与现货市场之间价格水平差距较大；2017 年以后，小麦和玉米的期货市场与现货市场之间的差异明显缩小，开始呈现同方向、同幅度的变化；而 2017 年正是最低收购价格下调和临储政策取消的关键节点，本章将针对这一情况就国内期现货价格的引导关系进行实证分析与评价。

6.1 粮食期现货价格引导关系检验模型构建

6.1.1 粮食期现货价格引导机制

根据 Cornell 和 French（1983）提出的持有成本理论，如果期货市场和现货市场完全有效，新的市场信息将会同时反映在期货市场和现货市场价格上，有效的信息传导将使得期现货市场价格处于长期均衡状态，即

$$F_t = S_t + C \tag{6.1}$$

式（6.1）表示的是期货价格（F_t）等于现货价格（S_t）加持有成本

（C），持有成本主要包括人们为持有该商品而支付的各种仓储支出，包括仓储费、运输费、保险费和利息。此时不存在价格间的领先—滞后关系。然而现实中，由于期货市场和现货市场对新的市场信息的反应速度和处理速度存在差异，产生了期现货价格间领先—滞后关系。期货市场由于其交易成本更低的优势吸引大量交易者率先参与该市场交易，导致新信息率先进入期货市场，并通过价格预期的方式产生市场间信息溢出效应，进而传递至现货市场，形成期货市场引导现货市场的局面。

6.1.2 粮食期现货价格引导关系检验模型

市场间价格信息的传递包括两方面信息的传递，一是价格水平信息，二是价格波动信息。因此，本章需要检验的既包括两市场价格水平信息，也包括价格波动信息之间的互动关系。这里拟利用市场间的"溢出效应"来检验期现货市场的引导关系。市场间价格的"溢出效应"是指某商品价格不仅受自身前期价格的影响，还受其他相关产品前期市场价格的影响，分为均值溢出效应（一阶矩）和波动溢出效应（二阶矩）两个维度，在研究市场间的互动性上具有明显优势。

（一）均值溢出效应：VAR 模型

VAR 模型的介绍详见第 5 章。

6.1.3 数据来源与说明

在大宗农产品的期货交易中，小麦、玉米和大豆不仅交易频繁，而且交易量较大，是比较典型的期货交易品种，而且这三种农产品也是较早上市的期货品种。基于此，本研究选取粮食品种中的小麦、玉米和大豆作为研究样本[①]。小麦期货价格（$fwheat$）数据取自郑州商品交易所的优质强

[①] 由于早籼稻、晚籼稻、粳稻 3 种农产品期货出现零交易量的情形比较普遍，即使有交易，交易量和交易额也较少，因而这 3 种期货的数据缺失较为严重，因此本章在实证检验时暂不考虑早籼稻、晚籼稻和粳稻等期货品种。

筋小麦日结算价[①]，玉米期货价格（$fcorn$）数据取自大连商品交易所的黄玉米日结算价，大豆期货价格（$fsoybean$）数据取自大连商品交易所的黄大豆 1 号日结算价[②]，数据来源于 Wind 数据库。小麦现货价格（$pwheat$）、玉米现货价格（$pcorn$）和大豆现货价格（$psoybean$）数据均来自 Wind 数据库中农产品现货日平均价。为了消除异方差，对变量进行了对数处理，取对数后，小麦、玉米、大豆的期货价格分别用 $\ln fw$、$\ln fc$、$\ln fs$ 表示，现货价格用 $\ln pw$、$\ln pc$、$\ln ps$ 表示。一阶差分 $\text{Dln} fw$、$\text{Dln} fc$、$\text{Dln} fs$ 和 $\text{Dln} pw$、$\text{Dln} pc$、$\text{Dln} ps$ 分别表示小麦、玉米、大豆的期货价格波动率和现货价格波动率。

基于数据的可获得性原则，本研究的样本区间设定为 2009 年 1 月 4 日至 2018 年 12 月 28 日的粮食期现货价格日度数据。在剔除期货与现货价格在时间上不匹配的数据后，统计样本共计 2428 组观测值。2009 年是中国粮食价格调控政策干预开始升级的年份，其中小麦的最低收购价和玉米的临时收储价格均不断上调，而大豆价格的市场化程度较高，可用于对比分析。2009—2018 年这一时间段内进行的实证分析，可间接说明价格政策干预对期货市场价格与现货市场价格联动的影响。

表 6.1 呈现了各价格序列的描述性统计结果。从序列均值来看，小麦、玉米、大豆的期货市场和现货市场的价格水平十分接近，其中小麦和大豆的期货价格略高于其现货价格，而玉米市场则相反。从序列标准差来看，大豆期现货价格标准差保持一致，且最值大小也相差较小，说明大豆期货市场和现货市场的波动幅度相近。小麦现货市场的波动幅度略大于期货市场，而玉米则反之，其期货市场的价格波动明显高于现货市场的价格波动，且标准差的值最大。由于期货市场对市场信息的敏感性特征，通常决定了期货价格本身极易产生较大的波动。尤其是短期内的波动，往往最为激烈。除大豆现货价格呈现出右偏的特征，其他价格序列均表现为左

---

① 小麦期货品种包括硬冬白小麦、优质强筋小麦、普通小麦三类，这里选择优质强筋小麦作为代表品种。

② 大豆期货品种包括黄大豆 1 号和黄大豆 2 号两类，这里选择黄大豆 1 号作为代表品种。

偏。除小麦期货价格的峰度值大于 3 外，其他价格序列峰度值均小于 3，说明各变量分布较为平坦，未表现出"尖峰"的特征。从 JB 统计量的检验结果看，小麦、玉米和大豆的期现货价格均在 1‰显著性水平下表现出非正态分布的特征。

表 6.1　各变量描述性统计

变量	均值	最大值	最小值	标准差	偏度	峰度	JB 统计量
$\ln pw$	7.737	7.768	7.873	0.102	−0.636	2.271	217.635***
$\ln pc$	7.648	7.951	7.307	0.149	−0.239	1.786	172.341***
$\ln ps$	8.262	8.551	8.121	0.104	0.731	2.522	239.121***
$\ln fw$	7.859	8.069	7.571	0.091	−0.653	3.271	180.174***
$\ln fc$	7.608	7.849	7.238	0.171	−0.287	1.622	225.416***
$\ln fs$	8.318	8.524	8.052	0.104	−0.135	1.816	149.177***

注：*** 表示 1‰显著性水平下拒绝原假设。

6.2 实证检验结果

6.2.1 平稳性检验

首先，对各价格序列进行了 ADF 平稳性检验，结果如表 6.2 所示。检验结果表明，小麦、玉米、大豆期货价格和现货价格均为非平稳序列。然而，各序列的一阶差分为平稳序列，说明各变量均为一阶单整。因此，每一对价格序列均可进行 Johansen 协整检验。

表 6.2　各变量 ADF 平稳性检验

变量	ADF 值	检验概率	结论	变量	ADF 值	检验概率	结论
$\ln pw$	−2.336	0.161	非平稳	$D\ln pw$	−17.545	0.000	平稳
$\ln pc$	−2.202	0.206	非平稳	$D\ln pc$	−10.289	0.000	平稳
$\ln ps$	−1.105	0.716	非平稳	$D\ln ps$	−20.457	0.000	平稳
$\ln fw$	−2.058	0.383	非平稳	$D\ln fw$	−44.551	0.000	平稳
$\ln fc$	−1.583	0.491	非平稳	$D\ln fc$	−47.119	0.000	平稳
$\ln fs$	−2.352	0.155	非平稳	$D\ln fs$	−43.734	0.000	平稳

6.2.2 协整检验

本研究依据 SC 原则确定各市场的最优滞后阶数均为 3，并根据各变量 ADF 检验结果，选择含有截距和趋势项的方程作为 Johansen 协整方程的类型。检验结果（表 6.3）显示，大豆期现货价格序列在 5％置信水平上拒绝协整向量个数为 0 的原假设，并接受协整向量个数为 1 的假设。玉米市场和小麦市场分别在 1％和 10％显著性水平下拒绝协整个数为 0 的原假设。以上结果表明小麦、玉米、大豆市场存在长期均衡关系。

表 6.3 变量间长期协整关系检验

变量	原假设	特征值	迹检验		最大特征值检验		结论
			统计量	检验概率	统计量	检验概率	
$\ln pw$，$\ln fw$	None*	0.005	21.166	0.006	13.292	0.071	协整
	At most 1*	0.003	7.874	0.005	7.874	0.005	
$\ln pc$，$\ln fc$	None*	0.039	99.832	0.000	95.389	0.000	协整
	At most 1*	0.002	4.442	0.035	4.442	0.035	
$\ln ps$，$\ln fs$	None*	0.007	15.494	0.011	18.612	0.009	协整
	At most 1*	0.001	3.841	0.314	1.012	0.314	

注：* 表示可在 10％显著性水平下拒绝原假设。

6.2.3 均值溢出效应检验

由于小麦、玉米、大豆期现货市场价格之间存在协整关系，因此可以采用已有模型来分析期货市场与现货市场价格的均值溢出效应及影响强度。结果（表 6.4）显示，小麦、玉米和大豆的期货市场与现货市场之间存在长期均衡关系。当期货价格上涨 1％时，小麦、玉米和大豆的现货价格将分别上涨 1.538％、0.835％和 1.095％。小麦、玉米和大豆期货市场和现货市场的误差修正项均在不同程度下呈显著差异，说明面对短期冲击，各价格序列均具有向长期均衡调整的误差修正机制。小麦现货价格和期货价格的误差调整系数分别为 −0.001 和 0.005，分别在 10％和 1％显著性水平下拒绝原假设，且符号相反，表明短期冲击导致小麦现货价格高于长期均衡水平，将通过反向修正机制（下降）向长期均衡状态调整，而期货市场价格低于长期均衡水平，其将通过正向修正机制（上升）向长期均衡状态调整。玉米市场现货价格和期货价格的误差调整系数分别为−0.015和−0.005，分别在1%和5%显著性水平下拒绝原假设，符号相同，表明短期冲击导致玉米现货和期货价格均高于长期均衡水平，且玉米现货价格偏离长期均衡水平的幅度更高，其将通过反向修正机制（下降）向长期均衡状态调整。大豆现货价格和期货价格的误差调整系数分别为−0.003和0.011，分别在10%和1%显著性水平下拒绝原假设，且符号相反，表明短期冲击导致大豆现货价格高于长期均衡水平，将通过反向修正机制（下降）向长期均衡状态调整，而期货市场价格低于长期均衡水平，其将通过正向修正机制（上升）向长期均衡状态调整。

表6.4　VEC模型估计结果

	$\mathrm{Dln}pw$	$\mathrm{Dln}fw$	$\mathrm{Dln}pc$	$\mathrm{Dln}fc$	$\mathrm{Dln}ps$	$\mathrm{Dln}fs$
协整向量	[1，−1.538]		[1，−0.835]		[1，−1.095]	
$vecm_{t-1}$	−0.001* (−1.933)	0.005*** (2.979)	−0.015*** (−9.639)	−0.005** (−2.254)	−0.003* (−1.912)	0.011*** (3.738)
$\mathrm{Dln}p_{t-1}$	0.293*** (14.905)	0.055 (0.693)	−0.358*** (−17.890)	0.033 (1.088)	−0.205*** (−10.076)	0.003 (0.085)
$\mathrm{Dln}p_{t-2}$	0.253*** (12.861)	−0.114 (−1.431)	−0.061*** (−3.023)	−0.001 (−0.024)	0.025 (1.225)	0.022 (0.575)
$\mathrm{Dln}f_{t-1}$	−0.005 (−0.914)	0.101*** (4.922)	0.009 (0.657)	0.039* (1.887)	0.008 (0.791)	0.128*** (6.309)
$\mathrm{Dln}f_{t-2}$	−0.006 (−1.285)	0.030 (1.483)	0.015 (1.069)	−0.044** (−2.140)	0.002 (0.193)	−0.037* (−1.821)

注：*、**和***分别表示10%、5%和1%显著性水平下拒绝原假设；括号内为t值；根据SC原则确定滞后阶数；第一列中$\mathrm{Dln}p_{t-1}$、$\mathrm{Dln}p_{t-2}$、$\mathrm{Dln}f_{t-1}$、$\mathrm{Dln}f_{t-2}$分别表示现货市场滞后一期价格波动率、现货滞后两期价格波动率、期货市场滞后一期价格波动率、期货市场滞后两期价格波动率。

小麦、玉米、大豆的现货价格均存在某些时期高于长期均衡价格的短期冲击。本研究认为，这可能是受政策价格支持因素的影响，导致粮食现货价格长时间处于高价位，偏离长期均衡状态。然而，从模型的估计参数及显著性来看，无论是小麦、玉米还是大豆，期货价格和现货价格之间并不存在显著的双向均值溢出效应。也就是说，既不存在期货价格对现货价格的引导作用，也不存在现货价格对期货价格的引导作用。基于此，本研究将进一步采用 BEKK‑GARCH（1，1）模型来检验粮食期现价格之间的波动溢出效应。

6.2.4 波动溢出效应检验

根据向量误差修正模型的估计结果，本研究采用 BEKK‑GARCH（1，1）模型来进一步分解期货市场价格波动与现货市场价格波动的溢出效应，回归结果如表 6.5 所示。小麦、玉米和大豆的 BEKK 模型分别收敛于第 76 次、82 次和 90 次迭代。模型估计结果显示，粮食现货市场价格波动和期货市场价格波动均具有显著的时变性（矩阵 A 的系数）和持久性（矩阵 B 的系数），但具体到不同粮食品种，仍存在差异。

首先，各粮食品种期现货价格均显著受到自身前期波动的影响。在小麦、玉米和大豆的 BEKK 模型中，A（1，1）、B（1，1）、B（2，2）均在 10% 显著性水平下拒绝原假设，说明各价格序列同时受到来自自身前期的 ARCH 型和 GARCH 型波动溢出效应影响，导致方差时变性和波动持久性特征共存。

其次，小麦、玉米和大豆期现货价格间具有波动溢出效应，但存在品种间差异。在小麦和玉米对应的 BEKK‑GARCH（1，1）模型中，ARCH 项系数矩阵 A 和 GARCH 项系数矩阵 B 的对角线元素 a_{12} 和 b_{12} 均在 5% 置信水平上显著，说明小麦和玉米的现货价格对期货价格存在明显的 ARCH 型和 GARCH 型波动溢出效应。但大豆对应的回归结果显示，仅 b_{12} 在 1% 置信水平上显著，a_{12} 并不显著，说明大豆市场仅存在现货价格对期货价格的 GARCH 型波动溢出效应。从小麦、玉米和大豆 a_{21} 和 b_{21} 的回归结果来看，小麦市场 a_{21} 在 1% 置信水平上显著，b_{21} 则不显著，说明小麦市场仅存在期货价格对现货价格的 ARCH 型波动溢出效应。玉米市场则相反，仅存在期货价格对现货价格的 GARCH 型波动溢出效应。大豆市场 a_{21} 和 b_{21} 均在 1‰ 置信水平上显著，说明大豆期货价格对现货价格存在 ARCH 型和 GARCH 型波动溢出效应。此外，各粮食品种对应的 Wald 检验值均进一步验证了小麦、玉米和大豆市场期现货价格之间存在双向波动溢出效应。然而，在进一步考察三种粮食期现货价格间波动溢出效应的相对系数时发现，尽管小麦和玉米的期货价格到现货价格的传递在统计上显著，但其系数绝对值较小，表明相互间实际波动的溢出效应较弱，而大豆则不同。具体而言，期货向现货的传递中，大豆具有较强的 ARCH 型（−0.385）和 GARCH 型（−0.159）波动溢出效应，而小麦仅具有 ARCH 型（0.075）波动溢出效应，玉米仅具有 GARCH 型（−0.013）波动溢出效应，小麦和玉米的实际波动溢出较弱（系数绝对值均小于 0.1）。现货对期货的传递则不同，小麦和玉米均兼具 ARCH 型和 GARCH 型波动溢出效应，小麦（$a_{12}=0.211$；$b_{12}=-0.037$）实际波动溢出效应大于 0.2，玉米（$a_{12}=-0.229$；$b_{12}=0.506$）实际波动溢出效应有较大提升，但大豆仅具有现货价格对期货价格的 GARCH 型（$b_{12}=-0.771$）波动溢出效应。

表 6.5　期现货价格 BEKK‐GARCH（1，1）模型估计结果

系数	小麦	玉米	大豆
C（1，1）	0.002***	0.002***	−0.0001***
	(5.188)	(3.399)	(−0.854)
C（2，1）	0.002***	0.001***	−0.008***
	(13.490)	(9.513)	(−13.703)
C（2，2）	−1.7e−07	−6.8e−08	−1.4e−07
	(−3.6e−04)	(−2.2e−04)	(−1.3e−05)
A（1，1）	0.426***	0.203***	−0.091***
	(11.389)	(9.818)	(−3.653)
A（1，2）	0.211***	−0.229***	0.012
	(3.639)	(−20.363)	(0.072)
A（2，1）	0.075***	−0.003	−0.385***
	(8.927)	(−0.495)	(26.206)

（续）

系数	小麦	玉米	大豆
A (2, 2)	0.541*** (22.101)	−0.531*** (−11.371)	−0.019 (−0.384)
B (1, 1)	0.886*** (44.736)	0.889*** (114.961)	0.274*** (11.348)
B (1, 2)	−0.037** (−11.199)	0.506*** (15.719)	−0.771*** (−3.615)
B (2, 1)	0.019 (0.598)	−0.013* (−1.525)	−0.159*** (−39.221)
B (2, 2)	0.887*** (106.084)	0.892*** (114.172)	−0.295* (−1.778)
Wald 检验			
H_{10}：$a_{12}=b_{12}=0$	63.319***	133.990***	6.547**
H_{20}：$a_{21}=b_{21}=0$	14.425***	9.150**	345.230***
H_{30}：$a_{12}=b_{12}=a_{21}=b_{21}=0$	83.360***	65.032***	178.813***

注：*、** 和 *** 分别表示 10%、5% 和 1% 显著性水平下拒绝原假设，括号内为 t 值。

因此，总体来看，小麦、玉米和大豆的期货价格与现货价格具有双向波动溢出效应。具体来看，大豆市场的期货价格对现货价格的引导作用更明显，而小麦和玉米市场则是现货价格对期货价格的引导作用更明显。

6.3 政策支持下期现货市场引导关系

本章的实证研究结果表明，政策调控力度较大的粮食品种（如小麦和玉米），其期货价格对现货价格的引导作用较弱，而现货价格对期货价格的溢出效应则较强。对于市场化程度较高的粮食品种（如大豆），期货价格对现货价格的引导作用更明显。市场化程度，也即政策干预力度的不同，是形成这一差异的重要原因，总体来说，在"谷物基本自给，口粮绝对安全"的原则指导下，我国主粮品种市场呈现出自给程度与调控力度双高的特点，而非主粮品种则呈现较低的自给和较弱政策调控的特征（张有望和李剑，2017）。从政策干预角度来看，小麦和玉米的价格支持政策实施时间长、覆盖范围广且调控力度大，而大豆的价格支持政策实施时间相对较短、区域相对集中，因而成效有限。相较而言，大豆市场价格形成过程主要受国内供需关系及国际市场价格走势的影响，市场化程度较高。因此，大豆期货市场成为市场参与者价格发现的主要工具，能够发挥对现货市场的引导作用，实证结果中，大豆期货价格对现货价格的实际溢出效应较强。与此相反，小麦和玉米的国内价格支持水平较高，政策收购价格在价格形成过程中扮演着更重要的角色。在收储政策的强大调控下，期货市场对现货市场的引导作用被大大削弱，而现货价格对期货价格的引导作用则得到增强，这在本章的实证结果中主要表现为小麦和玉米现货价格对期货价格的实际溢出效应较强，而期货价格对现货价格的实际溢出效应较弱。

期货市场功能发挥的基础条件主要包括三个方面：一是不确定性的存在，二是价格自由决定，三是不存在政府管制及大量感兴趣的潜在参与者或企业等（Carlton，1984）。当价格支持政策的调控不断升级时，期货市场功能发挥的前提条件被打破，有效性受到较大影响。价格支持政策对期货市场的影响集中表现在：一方面，正如第4、5章的分析结论，政策干预价格与生产要素价格形成循环上涨的趋势，造成政策性收购价格刚性上涨，推动市场价格上行，期货价格发现功能受阻；另一方面，政策价格调控对农户形成稳定的生产价格预期，就最低收购价格政策运行机制而言，政策价格发布时间一般是在粮食播种之前，这就造成种粮农户严重依赖政策。期货市场同样通过价格预期影响生产者行为，但在政策价格预期和期货价格预期同时存在的情况下，且政策价格预期在农户生产决策之前形成，生产者将缺乏对期货价格的认知动力，不会主动学习利用期货价格信息安排生产和销售。因此，当出现双重价格预期时，农户将倾向于选择政策收购价格作为生产决策的依据，使得期货价格这一市场力量在粮食市场价格形成过程中难以发挥引导作用。

第7章

政策支持下国内外粮食价格
传导关系的实证分析

　　粮食贸易在我国一直发挥着平衡国内需求、调剂市场余缺的作用，国际粮食市场也已经成为保障我国粮食安全这一目标必须考虑的重要因素。加入WTO后，根据协议，我国在实行关税减让和取消关税壁垒的基础上，逐渐放宽了粮食进口的数量限制，国际粮价通过贸易途径对国内粮价产生显著影响（王孝松和谢申祥，2012），国内外粮食市场的联动效应随着开放程度的提高而日益增强（李光泗等，2015）。在此背景下，我国粮食贸易格局发生了重大转变。根据马翠萍（2017）的研究，我国粮食贸易格局在2004年加入WTO"过渡期"结束后发生大幅度扭转，尤其是大米和玉米，从加入WTO前的"较强竞争力"转变为"很弱竞争力"。2009年、2010年和2011年，我国小麦、玉米和大米分别由出口倾向商品转变为持续进口商品[①]，粮食品种全面净进口的格局已然形成。现有研究表明，随着市场开放程度的提高，国际粮食价格信息可通过进口贸易途径传递至国内市场（丁守海，2009；罗锋和牛宝俊，2009；肖小勇等，2014）。然而，从图7.1和图7.2所示的国内外粮食价

---

　　① 我国大米的净出口量由2010年25.3万吨降为2011年的—6.3万吨；小麦净出口量由2008年9.4万吨降为2009年的—88.5万吨；玉米净出口量由2009年4.6万吨降为2010年的—144.5万吨，这一净进口的状况在此后较长时间内均未扭转。

格走势来看[①]，并未呈现出相对一致的发展趋势，尤其是受国内价格支持政策支持较多的大米、小麦和玉米三大粮食品种。那么，在我国市场开放程度加深及价格政策调控力度升级的双重影响下，国际粮食价格与国内外粮食价格的传递情况如何呢？

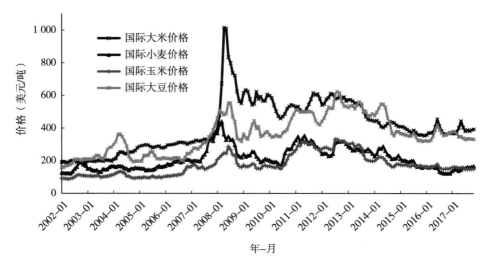

图 7.1　2002—2017 年主要粮食品种国际价格走势

现有文献对国内外粮食价格传递关系进行了大量的讨论，部分学者认为中国粮食市场开放强化了国际粮食价格波动对中国粮食市场的溢出效应（李光泗等，2015），也有部分学者认为在政策干预力度较大的粮食品种中，国内外价格之间不存在波动溢出效应（肖小勇等，2014），另有部分学者认为国际粮食价格对国内粮食价格的传递存在非对称性（彭佳颖等，2016；韩磊，2018）。但以上研究均缺乏政策干预视角下的经验研究，本章将价格政策干预力度差异引入国内外粮食价格传递关系检验中，进而分析政策干预对国内外粮食价格传导的影响。

---

①　数据来源：国际粮食价格来源于联合国商品贸易统计数据库（https://comtrade.un.org/data），国内粮食价格来源于历年《农产品价格调查年鉴》。

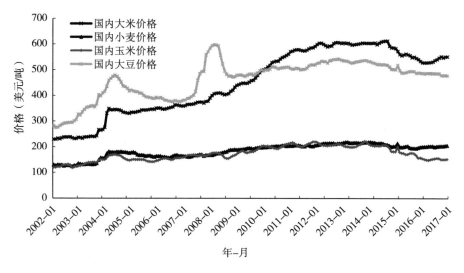

图 7.2　2002—2017 年主要粮食品种国内价格走势

7.1 粮食国内外价格传导关系检验模型构建

7.1.1 价格政策保护程度衡量

加入 WTO 后，我国在 WTO 框架约束下出台了一系列粮食市场保护政策，从作用范围来看，可以分为边境措施和国内支持政策两类。在边境措施方面，我国严格履行加入 WTO 时的承诺，对粮食进口实行关税配额管理，配额内 1% 关税，配额外最低征收 65% 关税，边境措施已经降至低点，其实质性的贸易保护效应十分有限。在国内支持方面，我国受多边贸易规则约束，承诺国内所有扭曲贸易和生产的黄箱政策[①]支持不得超过 8.5% 的微量允许水平。除了取消农业税，启动农业补贴政策外，还实施

---

　　① 《农业协定》根据是否有贸易扭曲作用将农业国内支持措施分为：可自由使用的绿箱政策，有限制使用的蓝箱政策和限制使用的黄箱政策，其中黄箱政策包括农产品价格干预，种子、肥料、灌溉等投入品补贴，营销贷款补贴等对贸易扭曲影响较大的措施，WTO 要求各成员不得超过其做出的承诺水平。

了效果最为显著的托市收购政策，包括以主产区稻谷和小麦为对象的最低收购价政策和以玉米为主要品种的临时收储政策。特别是在国际粮食危机发生后，政府不仅连续两次提高 2008 年的最低收购价格，还决定继续提升 2009 年的最低收购价格。自此，政府对粮食市场的直接干预不断升级。2008—2014 年，托市收购多次提价，稻谷的最低收购价连续 7 年提高，早籼稻、中晚籼稻和粳稻的累计提价幅度分别达到 93％、92％和 107％；2009—2014 年，小麦连续 6 年提价，白小麦及红小麦和混合麦的累计提价幅度分别达到 64％和 71％；2010—2013 年，玉米的临时收储价格累计提高 49％。

如何衡量当前国内支持政策对粮食市场生产和贸易的保护程度？这里采用名义价格保护率（NRA）[①] 来测定粮食品种的政策干预水平，判断其受贸易自由化的影响程度（Anderson 等，2008；黄季焜等，2008）。根据李淑静和崔凡（2013）的研究，我国 1981—2010 年主要粮食品种的名义价格保护率由平均 −45％逐渐增长为 10％，粮食流通市场化程度已经达到相当高的水平（Rozelle 等，2000；Huang 等，2004），国内外价格差距大幅度减少，标志着我国粮食政策发生了根本性变化，逐渐由征税转变为支持，开始走向工业反哺农业的道路，市场逐渐取代政府成为分配资源的主要机制。然而，随着 2008 年后托市收购价格的不断抬升，这一情况开始向另一种极端演变。经过测算，我国主要粮食品种 NRA 在 2013 年前后呈现明显差异（图 7.3[②]）。2008 年国际粮价暴涨，促使我国粮食 NRA 被动下降为负值，随后国际粮价又出现深度回落，使得我国粮食 NRA 出现震荡上涨的趋势。2013 年后，政策性收储的常态化启动致使各粮食品种的名义价格保护率开始大幅上升，并在 2016 年达到历史高点，与之相伴的是我国粮食进口高峰陆续到来，国际竞争力彻底丧失（全世文和于

---

① 名义价格保护率（NRA）＝（国内市场价格 − 进口到岸价格）/ 进口到岸价格，用于评估因本国政策而导致的价格扭曲程度，NRA 为正，表示一国对其农业采取补贴等正保护，为负则代表一国对农业采取征税等负保护。

② 数据来源：根据农业农村部《农产品供需形势分析月报》整理所得。

晓华，2016）。分品种来看，大米 NRA 在 2013 年 6 月出现由负转正的拐点，并在 2015 年 6 月达到历史最高水平的 54.4％。与大米不同的是，2013 年之前，我国小麦和玉米的 NRA 并没有长期保持为负，但也处于 10％～15％ 的合理水平，然而 2013 年 7 月前后，它们呈现出持续上升的趋势，最高达到 65％ 的价格保护水平，导致国内价格偏离国际价格，扭曲了我国粮食贸易格局。不管是大米市场还是小麦和玉米市场，其国内外粮食价格相对差异均已逼近 65％ 的配额外税率。一旦跨越 65％ 的关税门槛，将难以阻挡国际粮食大规模进口至国内，国内粮食市场的处境将更加艰难。

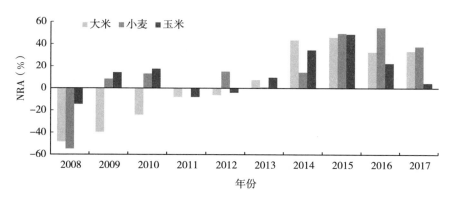

图 7.3　主要粮食品种 2008—2017 年名义价格保护率

7.1.2　国内外粮食价格传导关系检验模型

在不同的政策干预水平下，国内外粮食价格波动的传递可能会有显著差异。因此，本研究采用了非线性区制转换模型来考察政策保护视角下国内外粮价之间的非线性动态调整机制。目前，较为广泛应用的非线性区制转换模型有三类：平滑转换回归模型（STR）、马尔科夫转换模型（MSA）及门限回归模型（TR），其中，MSA 和 TR 模型描述区制转换是跳跃的、离散的。然而，在现实经济生活中，许多机制间的转换是连续的、平滑的。STR 模型则更适合描述两极端区制之间的平滑转换，能更好地刻画

价格的非线性变化路径。STR 模型的一般形式:

$$Y_t = \phi' z_t + \theta' z_t G(\gamma, c, s_t) + u_t, \quad u_t \sim iid(0, \sigma^2) \quad (7.1)$$

其中,$\phi' z_t$ 为 STR 的线性部分,$\theta' z_t G(\gamma, c, s_t)$ 为非线性部分;$z_t = (w_t', x_t')'$ 是解释变量向量,$w_t' = (1, y_{t-1}, \cdots, y_{t-p})$ 和 $x_t' = (1, x_{1t}, \cdots, x_{kt})$ 是外生解释变量向量,$\phi = (\phi_0, \phi_1, \cdots, \phi_m)'$ 和 $\theta = (\theta_0, \theta_1, \cdots, \theta_m)'$ 是 $(m+1) \times 1$ 的参数向量;s_t 是转换变量,它可以是滞后内生变量,也可以是外生变量,可参与模型回归,也可不列入模型回归;定位参数 c 是不同取值之间进行转换的门限值;斜率 $\gamma(\gamma > 0)$[1] 度量了由一种区制向另一种区制转移的速度,并决定了由一个区制向另一个区制转移的平滑度。转换函数 $G(\gamma, c, s_t)$ 是值域为 $[0, 1]$ 的有界连续函数,有逻辑型(LSTR)和指数型(ESTR)两种形式,通过序贯检验确定本研究使用逻辑型,即 $G(\gamma, c, s_t) = \{1 + \exp[-\gamma(s_t - c)]\}^{-1}$[2]。

建立 STR 模型之前,本研究首先需要确定中国粮食价格与国际粮食价格之间的动态关系,以确定模型形式。由此采用 Johansen 协整检验方法分析中国粮食价格与国际粮食价格之间是否存在协整关系,若二者之间存在协整关系,则通过 VEC 模型分析国内外粮食价格的动态行为;若不存在协整关系,则采用 VAR 模型分析国内外粮食价格的动态关系,进而利用 STR 模型分析政策保护转换下国际粮价冲击对国内粮价波动的影响是否具有非线性动态调整机制。

7.1.3 数据来源与说明

本研究选取大米、小麦和玉米的国内与国际价格的月度数据作为研究

---

① γ 值越小,表示转换速度越慢,当 $\gamma \to 0$ 时,STR 模型退化为线性模型;当 $\gamma \to \infty$ 时,不同区制之间的转换几乎是瞬间实现的,STR 模型为门限回归模型。

② 本研究根据序贯检验结果选择逻辑型转换函数。基于逻辑型转换函数特征可知,以 c 为门槛,当 $S_t < c$ 时,随着 S_t 远离 c,函数 $G \to 0$,此时价格变量之间的传导关系由线性部分决定,回归系数为 ϕ_i;当 $S_t > c$ 时,随着 S_t 远离 c,函数 $G \to 1$,此时价格变量之间的传导关系由线性部分和非线性部分共同决定,回归系数为 $\phi_i + \theta_i$,由此可检验出国内外粮食价格波动传递是否存在非线性的动态调整机制。指数型转换函数:$G(\gamma, c, s_t) = 1 - \exp[-\gamma(s_t - c)^2]$,函数 G 在 $s_t = c$ 处对称,当 s_t 接近于 c,$G \to 0$;当 s_t 远离,$G \to 1$。

样本，并引入名义价格保护率作为国内价格支持政策的代理变量，样本区间为 2008 年 1 月至 2017 年 12 月。国际粮食价格数据取自国际市场代表性价格，分别为泰国曼谷大米（25％含碎率）、美国墨西哥湾硬红冬麦、美国墨西哥湾 2 号黄玉米现货价；国内粮食价格数据则分别选取晚籼米（标一）批发均价和东北二等黄玉米广州黄埔港平仓价，并使用居民消费价格数据剔除时间序列中的价格因素[①]。其中，国际粮食价格及居民消费指数的数据来自国际货币基金组织（IMF）数据库，国内粮食价格数据来源于 Wind 数据库。为了消除可能存在的异方差，本研究对平减后的粮食价格进行了对数化处理。处理后的大米、小麦和玉米国内价格对数分别用 dr、dw 和 dc 表示，国际价格对数分别用 ir、iw 和 ic 表示，一阶差分 Ddr、Ddw、Ddc 和 Dir、Diw、Dic 分别表示各粮食品种国内和国际价格波动率，以 $NRAr$、$NRAw$ 和 $NRAc$ 代表各品种名义价格保护率，各数据序列的描述性统计如表 7.1 所示。

表 7.1　粮食价格数据描述性统计

变量	均值	最大值	最小值	标准差	偏度	峰度
dr	7.866	8.076	7.318	0.206	−0.19	3.554
ir	7.712	8.67	7.285	0.264	0.635	3.238
dw	7.388	7.508	7.179	0.077	−0.798	3.502
iw	7.083	7.875	6.488	0.314	0.031	2.525
dc	7.327	7.549	6.964	0.152	0.007	2.265
ic	6.88	7.44	6.483	0.258	0.449	2.352
$NRAr$	0.046	0.544	−0.689	0.336	−0.253	1.839
$NRAw$	0.145	0.647	−0.658	0.308	−0.907	3.874
$NRAc$	0.129	0.68	−0.304	0.223	0.305	2.379

---

① 考虑到价格数据的可比性，同时为了剔除通货膨胀对模型检验的影响，本研究分别采用国内 CPI 和国际 CPI 数据对国内外粮价进行平减，此处以 2002 年 1 月 CPI 数据作为定基数据，对平减后的国际粮价再按当月汇率折算为人民币价格。

如表 7.1 所示，大米、小麦和玉米的国内价格标准差均低于国际价格标准差，其中小麦价格序列表现最为明显，说明国际价格波动明显大于国内价格波动，国内价格支持政策可能发挥了价格"稳定器"的作用。从各粮食品种名义价格保护率的均值来看，整体处于合理的支持范围，相比之下，小麦和玉米的价格保护水平略高于大米；而从标准差来看，各品种名义价格保护率的变化幅度均较为明显，最值显示，各粮食品种处于 -65% 左右具有"较强竞争力"的价格保护水平和 60% 左右"很弱竞争力"价格保护水平之间波动，波动幅度超过 100%，这可能与样本期国际价格的大幅涨跌及国内价格支持政策的不断加强密切相关。

7.2 实证检验结果

7.2.1 平稳性检验

首先，对大米、小麦和玉米的国内外价格序列进行了 ADF 平稳性检验，结果如表 7.2 所示。各变量原序列均为非平稳时间序列，而其一阶差分序列为平稳序列，说明各变量均为一阶单整，满足协整检验和 VAR 模型的前提条件。

表 7.2　各变量 ADF 平稳性检验

变量	ADF 值	检验概率	结论	变量	ADF 值	检验概率	结论
dr	-2.177	0.215	非平稳	Ddr	-4.013	0.002	平稳
dw	-2.506	0.116	非平稳	Ddw	-12.053	0.000	平稳
dc	-1.971	0.299	非平稳	Ddc	-12.149	0.000	平稳
ir	-1.353	0.604	非平稳	Dir	-0.694	0.000	平稳
iw	-2.117	0.238	非平稳	Diw	-10.985	0.000	平稳
ic	-1.502	0.531	非平稳	Dic	-10.661	0.000	平稳

7.2.2 协整检验

其次，对大米、小麦和玉米的国内外价格序列协整关系进行Johansen检验，判断中国粮食价格与国际粮食价格之间是否存在长期协整关系。本研究依据 AIC、SC 原则确定最优滞后阶数为 2，并根据各变量 ADF 检验结果，选择含有截距和趋势项的方程作为 Johansen 协整方程的类型。结果（表 7.3）表明，大米、小麦和玉米的国内外价格在 5‰ 的显著性水平上均不能拒绝协整值为 0 的原假设，即说明大米和玉米的国内价格与国际价格之间不存在长期协整关系。根据仰炬等（2008）的研究发现，粮食市场的开放程度越低，政府的管制效率越高，这可能会使中国粮食价格与国际粮食价格的市场整合效应不显著，协整检验结果与这一结论基本吻合。自 2008 年以来，我国大米和玉米的政策性收储连续提价，导致非常态措施常态化，政府干预力度不断加强，从而弱化了中国粮食价格与国际粮食价格之间的相互影响。

表 7.3　变量间长期协整关系检验

变量	原假设	特征值	迹检验		最大特征值检验		结论
			统计量	检验概率	统计量	检验概率	
$drice$, $irice$	None	0.049	13.877	0.086	14.265	0.235	不协整
	At most 1	0.022	4.220	0.039	3.841	0.039	
$dwheat$, $iwheat$	None	0.041	12.647	0.128	7.899	0.389	不协整
	At most 1	0.025	4.748	0.029	4.748	0.029	
$dcorn$, $icorn$	None	0.042	12.391	0.139	8.128	0.365	不协整
	At most 1	0.022	4.263	0.039	4.263	0.039	

7.2.3 均值溢出效应检验

考虑到各粮食品种国内外价格不存在显著的协整关系，故本研究采用价格序列的一阶差分来建立 VAR 模型，以分析国内外粮食价格之间的动态相关关系。估计结果如表 7.4 所示。

表 7.4　VAR 模型估计结果

大米 VAR 模型			小麦 VAR 模型			玉米 VAR 模型		
	Ddr	Dir		Ddw	Diw		Ddc	Dic
Ddr_{t-1}	0.185**	−0.211	Ddw_{t-1}	0.173*	0.162	Ddc_{t-1}	0.201***	−0.265*
	(0.071)	(0.137)		(0.091)	(0.386)		(0.071)	(0.146)
Dir_{t-1}	0.06*	0.418***	Diw_{t-1}	0.062**	0.193**	Dic_{t-1}	0.075**	0.214**
	(0.034)	(0.065)		(0.021)	(0.091)		(0.034)	(0.071)
c	0.003	0.001	c	0.002	−0.008	c	0.001	0.0002
	(0.002)	(0.003)		(0.002)	(0.006)		(0.002)	(0.004)
R^2	0.047	0.188	R^2	0.032	0.038	R^2	0.064	0.0631
F 统计量	4.654*	21.091***	F 统计量	1.898	2.285	F 统计量	6.341**	6.301**

注：本研究根据 AIC、SC 准则确定 $q=1$ 为最优滞后期，*、**、*** 分别表示 10%、5% 和 1% 置信水平上显著，括号内为标准误。

从检验结果看，国内大米价格对国际大米价格的影响不显著，而国际大米价格对国内大米价格具有单向均值溢出效应。国际小麦价格对国内小麦价格具有显著的正向均值溢出效应，而国内小麦价格对国际小麦价格影响甚微。国际玉米价格和国内玉米价格之间存在双向的均值溢出效应，国际玉米价受到国内玉米价格的负向影响，而国际玉米价格对国内玉米价格则有显著的正向影响。随着加入 WTO 后我国粮食贸易政策的调整，粮食市场开放的深度和广度有所提高，加之近年贸易格局的扭转，我国粮食进口规模不断扩大，且进口来源地相对集中，促使国际粮价波动通过贸易途径影响中国粮价波动，但受托市价格作用，国际粮食价格波动的传递幅度较小。

综上可知，尽管大米、小麦和玉米的国内外价格波动均不存在长期协整关系，但国际粮食价格波动对国内粮食价格波动存在单向的均值溢出效应，据此可将式（7.1）STR 模型表达为：

$$Ddp = \alpha_0 + \phi_1 Ddp_{t-1} + \varphi_0 Dip_t + \varphi_1 Dip_{t-1} + (\alpha_0' + \phi_1' Ddp_{t-1} +$$
$$\varphi_0' Dip_t + \varphi_1' Dip_{t-1}) \times G(\gamma, c, s_t) + u_t \qquad (7.2)$$

式（7.2）中，Ddp 和 Dip 分别表示国内粮价波动率和国际粮价波动率，说明大米、小麦和玉米的国内价格波动同时受到自身滞后期及国际价格波动的影响，而此过程中我国粮食价格支持政策保护是否会影响国内外粮价的传递还需进一步检验。

7.2.4 价格波动传递效应检验

根据 Teräsvirta（1994）和 Dijk（2002）的研究，这里对 STR 模型的设定和估计包括以下几个步骤：

7.2.4.1 模型形式的确定

这部分的任务包括模型的非线性检验及转换函数形式和转换变量的确定。STR 模型的非线性检验和转换变量 s_t 的确定基于转换函数的三阶泰勒展开式，对转换函数在零假设（即 $\gamma=0$）下进行三阶泰勒展开：

$$G(\gamma, c, s_t) = \sigma_0 + \sigma_1 s_t + \sigma_2 s_t^2 + \sigma_3 s_t^3 + R_3(\gamma, c, s_t) \quad (7.3)$$

式（7.3）中，R_3 是三阶泰勒展开式的余项，将式（7.3）代入式（7.2），合并整理后近似可得到如下辅助回归模型：

$$Ddp = \alpha_0 + \phi_1 Ddp_{t-1} + \varphi_0 Dip_t + \varphi_1 Dip_{t-1} + (\alpha_0' + \phi_1' Ddp_{t-1} +$$
$$\varphi_0' Dip_t + \varphi_1' Dip_{t-1}) \times \sum_{i=1}^{3} \beta_i s_t^i + u_t \quad (7.4)$$

线性检验零假设为 $\beta_i=0(i=1，2，3)$，若检验结果拒绝原假设，说明模型具有非线性效应，继而利用嵌套假设的序贯检验[①]来判定模型为逻辑型（LSTR）还是指数型（ESTR）。转换变量及其模型形式选择的检验结果如表 7.5 所示，结果表明无论是大米、小麦还是玉米 STR 方程，名义价格保护率都在 1‰的显著性水平上拒绝国内价格波动和国外价格波动之间存在线性关系的假设，且所对应概率值 F 是最小的，说明名义价格保护率 NRA 可作为转换变量。同时，在 F4、F3 和 F2 的统计量中，F2 所对应的概率值最小。根据序贯检验原理可确定，本研究各粮食品种国内外价格波动传递的平滑转换模型是以名义价格保护率为转换变量的 LSTR 模型。

---

① 嵌套假设的序贯检验的原假设分别为 H_{04}：$\beta_3=0$，H_{03}：$\beta_2=0|\beta_3=0$，H_{02}：$\beta_1=0|\beta_2=\beta_3=0$。当 H_{03} 被拒绝的 P 值最小时，选择 ESTR 模型，否则选择 LSTR 模型。

表 7.5　非线性检验及转换变量和模型形式选择结果

转换变量	F	F4	F3	F2	模型形式
$NRAr_t^*$	5.418e-138	8.753e-08	6.313e-41	7.204e-100	LSTR
$NRAw_t^*$	9.161e-60	2.449e-11	2.937e-18	1.206e-37	LSTR
$NRAc_t^*$	3.648e-81	0.0376	2.757e-05	8.119e-84	LSTR

注：表中数值为相应统计量的 P 值。

7.2.4.2　模型的参数估计

这里使用格点搜索法进行参数初始值的估计，通过创建线性格点 c 和对数线性格点 γ 的组合，将组合值代入式（7.2）和式（7.3）的 LSTR 模型中计算残差平方和，选择残差平方和最小的组合值作为参数估计初始值，其中定位参数 c 的取值范围是转换变量 NRA 的值域，平滑参数 γ 的取值范围设定为 0.5～10。确定初始值后，通过 Newton-Raphson 迭代法、条件最大似然法估计模型系数，最终估计结果如表 7.6 所示。但由于转换变量 NRA 是通过国内外价差计算得到，加入回归会产生多重共线性问题，因此模型中未纳入变量 NRA。

表 7.6　各粮食品种 LSTR 模型的估计结果

	系数	大米 LSTR 模型		小麦 LSTR 模型		玉米 LSTR 模型	
		系数	估计值	标准误	估计值	标准误	标准误
线性部分	a_0	0.109***	0.015	−0.009**	0.003	1.907	2.464
	ϕ_1	0.331*	0.163	0.655***	0.023	2.572***	0.624
	φ_0	−0.052	0.041	−0.168	0.156	−4.282***	0.485
	φ_1	0.921***	0.042	1.061***	0.144	0.569**	0.211
非线性部分	a_0'	−0.104***	0.018	−0.015	0.016	3.725	0.001
	ϕ_1'	−0.214	0.634	0.161	0.119	4.126***	0.738
	φ_0'	0.498***	0.071	0.245	0.329	7.171***	1.079
	φ_1'	−1.111***	0.063	−1.371**	0.637	−0.656**	0.298
	γ	12.626	11.946	7.335	16.996	4.848	3.163
	c	0.083***	0.001	0.073***	0.013	0.194***	0.005
R^2		0.947		0.902		0.984	

（续）

系数	大米 LSTR 模型		小麦 LSTR 模型		玉米 LSTR 模型	
	系数	估计值	标准误	估计值	标准误	标准误
AIC	−9.965		−7.297		−10.345	
SC	−9.759		−7.039		−10.140	

注：*、**、***分别表示10%、5%和1%置信水平上显著。

7.2.4.3　估计结果分析

（1）转换变量与区制转换特征分析

各品种LSTR模型的转换变量均为名义价格保护率，说明各粮食品种的价格支持强度是决定国际粮价波动向国内粮价波动传导在高低区制之间转换的关键指标。如表7.6所示，大米、小麦和玉米的LSTR模型分别以门限值0.083、0.073和0.194将政策保护效应分为低区制和高区制两部分。据此，国际粮价波动对国内粮价波动的影响也将分为线性和非线性两种状态，且各门限值在1%置信水平上显著，意味着国际粮食价格波动对国内粮食价格波动的传导具有显著的门限效应，具体表现为当大米、小麦和玉米的名义价格保护率低于门限值时，国内粮价波动仅受国际粮食波动的线性传递；而当名义价格保护率高于门限值时，国际粮价波动对国内粮价波动的传递则呈现出非线性特征。模型中的平滑转换系数γ的大小决定其在不同区制间的转换速度，γ值越大，表示转换速度越快。大米和小麦模型的γ值较大，说明它们在线性和非线性之间的转换频率较高；而玉米模型的γ值相对较小，说明其转换函数在0和1之间的转换速度较慢。玉米价格保护率超过0.194的样本量占总样本量的四分之三，说明国内外玉米价格波动之间的传递以非线性特征为主，因而其γ值相对较小。

（2）国内外粮价波动传导效果分析

检验结果显示，各粮食品种的价格传导均存在显著的非对称性。在大米LSTR模型中，φ_1和φ_1'均在1%的置信水平上显著，说明国际大米价格波动对国内大米价格波动具有显著的非线性效应。具体而言，当$NRAr<$0.083时，即处于大米政策保护效应低区制，国际大米价格波动对国内大

米价格波动将产生 0.921 单位的正向影响；而当 $NRAr > 0.083$ 时，即进入大米价格政策保护效应高区制，国际大米价格波动对国内大米价格波动表现为 -0.19（$-1.111+0.921$）单位的负向影响，此时国际大米价格的冲击作用明显减弱，并且作用方向出现转变，意味着国际大米价格波动下降将会带来国内大米价格波动上升的反向调节。

就小麦 LSTR 模型而言，φ_1 和 φ_1' 均在 5％置信水平下显著，同样存在波动的非对称性。当 $NRAw < 0.073$，即政策保护处于低区制时，国际价格波动对国内价格波动的传导表现为 1.061 的线性影响；而当 $NRAw > 0.073$，进入政策保护的高区制时，国际小麦价格波动对国内小麦价格波动将产生 -0.31（$-1.371+1.061$）单位的非对称影响。与大米相似，国内小麦市场高水平的价格支持不仅削弱了国际价格波动对国内价格的影响幅度，同时也改变了国际价格对国内价格的影响方向。

同样，在玉米 LSTR 模型中，ϕ_1 和 ϕ_1'、φ_1 和 φ_1' 均在 5％置信水平下显著，说明滞后一期的国内外玉米价格波动均会对当期国内玉米价格波动产生非对称影响。就影响幅度来看，当 $NRAc < 0.194$（政策保护低区制）时，上期国内玉米价格波动对当期国内玉米价格波动会产生 2.572 单位的正向影响，上期国际玉米价格波动对当期玉米价格波动会产生 0.569 单位的正向影响；而当 $NRAc > 0.194$（政策保护高区制）时，非线性影响不断加强，上期国内玉米价格波动对当期国内玉米价格波动会产生 6.698 单位正向影响，正向冲击被放大，然而上期国际玉米价格波动对当期玉米价格波动的冲击趋向于 -0.087（$0.569-0.656$），说明随着价格支持水平的提高，国际玉米价格的影响不断被削弱，价格冲击微乎其微，国内外市场几近分割。在这种情况下，上期国内玉米价格波动的助推作用更加明显，由此带来国内玉米价格的加速上涨。

7.3 政策调控下国内外粮食价格传递关系

市场均衡理论认为，价格作为市场信息的主要传导工具，长期来看，它会使经济资源从低收益领域向高收益领域流动，进而调节资源配置，最终促成供求的自然平衡；而市场范围也将随分工和专业化的发展而扩大，国内市场和国际市场将整合为统一、自由的世界市场，从而使资源得到更高水平的配置和调节。在这种背景下，政府的职能应该是完善粮食市场价格形成机制，改善市场运行环境。从我国主要粮食品种进出口贸易情况来看，2010 年之前，我国一直保持着大米和玉米的净出口国地位。虽然小麦历史上进口量较大，但在加入 WTO 后也开始转变为净出口品种（表 7.7）。

表 7.7　2002—2023 年主要粮食品种进出口情况

单位：万吨

年份	大米			小麦			玉米		
	出口	进口	净出口	出口	进口	净出口	出口	进口	净出口
2002	197.8	23.6	174.2	68.8	60.5	8.3	1 167.4	0.6	1 166.8
2003	260.1	25.7	234.4	223.7	42.4	181.3	1 638.9	0.0	1 638.9
2004	89.6	75.6	14.0	78.4	723.3	−644.9	231.8	0.2	231.6
2005	67.2	51.4	15.8	26.0	351.1	−325.1	861.1	0.4	860.7
2006	123.7	71.9	51.8	111.4	58.4	53.0	307.0	6.5	300.5
2007	132.6	47.2	85.4	233.7	8.3	225.3	491.6	3.5	488.1
2008	96.9	29.6	67.4	12.6	3.2	9.4	25.3	4.9	20.3
2009	78.3	33.8	44.6	0.8	89.4	−88.5	12.9	8.3	4.6
2010	61.9	36.6	25.3	0.0	121.9	−121.9	12.7	157.2	−144.5
2011	51.5	57.8	−6.3	4.0	124.9	−120.9	13.6	175.2	−161.7
2012	27.9	235.6	−207.7	0.0	368.9	−368.9	25.7	520.7	−495.0
2013	47.8	225.1	−177.3	0.3	550.7	−550.5	7.8	326.3	−318.6
2014	41.9	255.7	−213.8	0.1	297.2	−297.1	2.0	259.9	−257.9
2015	28.5	335.0	−306.5	0.5	297.3	−296.7	1.1	472.9	−471.7
2016	48.4	353.5	−305.0	1.1	337.5	−336.4	0.4	316.7	−316.3
2017	119.7	399.2	−279.5	1.0	429.7	−428.7	8.5	282.5	−274.0
2018	214.0	308.0	−94.0	0.8	287.7	−286.9	1.0	352.1	−351.1
2019	274.8	255.0	19.8	0.9	320.4	−319.5	2.5	479.1	−476.6
2020	230.0	294.0	−64.0	0.0	815.2	−815.2	0.1	1 129.3	−1 129.2
2021	242.0	496.0	−254.0	0.5	971.9	−971.4	0.5	2 835.3	−2 834.8
2022	219.0	619.0	−400.0	0.4	987.4	−987.0	0.0	2 061.7	−2 061.7
2023	160.0	263.0	−103.0	1.8	1 187.8	−1 186.0	0.8	2 714.0	−2 713.2

数据来源：联合国商品贸易统计数据库（https：//comtrade.un.org/data）。

　　从国内粮食价格对国际粮食价格的影响来看，随着出口数量的锐减，国内粮食品种在国际市场的定价权和话语权较弱，因此国内粮食价格对国际粮食价格不存在显著的均值溢出和波动溢出效应。然而，随着粮食进口规模的扩大，国际粮食价格对国内粮食价格的影响开始发生变化。从国内粮食市场价格调控来看，对于稻米、小麦和玉米市场，我国建立了高效的"托底平高"调控体系，当国际粮食市场出现较大波动时，国内政府会及时启动粮食市场调控预案，减缓粮食市场价格波动（李光泗，2015）。以2007年下半年至2008年上半年国际农产品价格异常波动为例，国际粮食市场价格暴涨，国内粮食价格也出现快速上涨。在此背景下，2008年3月，国务院召开全国农业和粮食生产电话会议，宣布一系列支持农业和粮食生产的政策，希望通过发展国内生产平抑价格波动。随后，政策宣布连续两次上调2008年最低收购价格，并启动了玉米临时收储政策，并且此后多年持续提高粮食价格支持力度。在加入WTO的谈判过程中，我国为争取对制造业、服务业薄弱领域和环节的支持保护，在农业方面做出过高承诺，导致主要粮食品种的边境保护措施已经降至历史最低点。这使得近年来我国在应对"非必需进口"涌入方面的手段有限，无法效仿日本设置403％的高关税来隔绝国际市场冲击[①]，保护国内市场（叶兴庆，2017b）。在这种情况下，连续提高国内粮价必将导致国内外价格倒挂，国内粮食进口激增。尽管政策支持力度的不断提升有效抵御了国际粮食价格波动对国内市场的冲击，但较高水平的保护率也导致国际粮食价格信息难以传递至国内市场，阻碍国内外粮食价格互动，使得国际市场供求信息难以影响国内粮食市场价格形成。

---

　　① 根据叶兴庆（2017a）对日本大米支持政策改革的研究显示，日本在边境保护措施方面实行的是关税化管理，1999年4月，根据当时国内外大米价格差，设定关税率为341日元/千克（这是日本谈判者根据当时国内最贵大米与国外最便宜大米的价差计算出的、明显有利于保护日本国内大米市场的税率）。按当时国外最便宜大米的进口到岸价格和汇率计算，约为其价格的778％。按1999年美国短粒粳米的进口到岸价84.6日元/千克计算，约为403％。日本专家也承认"在关税化过程中，日本、欧盟等农产品进口国设定的关税超过了国内外价差，即所谓不干净关税（Dirty Tariffication），此类事例很多"。

第8章

价格支持政策的定价效应
评价与定价机制研究

　　基于本研究的分析可以看出，我国粮食价格逐步形成以市场交易价为基础，最低收购价、临时收储价、农业补贴和进出口调节为辅的价格形成机制。最低收购价政策作为主要的价格支持政策，自 2004 年实施以来，已近二十年。近年来，政策效果评价和政策调整方向成为学术界关注的重点话题之一。从执行情况看，2007—2016 年，稻谷和小麦的价格支持力度不断加大，政策价格逐年抬升，在实现我国稳粮价、促生产、提收入、保粮安等政策目标的同时，也造成了一些其他负面影响，"价格倒挂""三量齐增"矛盾凸显（李京栋和李先德，2022）。2017—2019 年，在农业供给侧结构性改革的背景下，政府陆续下调了稻谷和小麦的政策支持价格，充分发挥了市场定价机制的作用，成效明显。然而，自 2020 年以来，最低收购价再次提价。这主要是由于当前世界正处于百年未有之大变局的深化演进中，地缘政治演变态势更加严峻，中国粮食安全遭受国际金融危机、自然灾害、公共卫生事件等重大突发事件的多次冲击，粮食生产和流通面临传统风险与新型风险的双重叠加挑战，对粮食安全保障体系形成了重大考验（程国强和朱满德，2013）。最低收购价格政策再次作为稳定农户种粮积极性和平抑市场价格波动的有效工具。2022 年中央 1 号文件提出"适当提高稻谷、小麦最低收购价"，2023、2024 年中央 1 号文件再次强调要"继续提高小麦最低收购价，合理确定稻谷最低收购价"。纵观最低收购价政策的实施历程可以发现，政策既有稳定价格和保障供应的积极影响，也存在扭曲价格信号的负面作用。因此客观评价价格支持政策的定价效应是提升政策使用效率的前提，合理制定最低收购价是政策改革的重点和难点。明确这两点对于优化政策设计、提升政策效果具有重要意义。

8.1 价格支持政策的定价效应评价：短期与长期视角

以最低收购价为主的价格支持政策已实施近 20 年，学者们对于这一政策的效果评价不一，具体而言，政策既具有调动农户种粮积极性、稳定粮食市场预期、确保市场有效供给的主要成效，同时也存在价格扭曲、产量过剩、财政压力加大的主要问题。那么，作为被众多国家所采纳的农业支持工具，最低收购价政策产生负面问题的根源，需要被深入剖析，这也是未来进一步调整和使用最低收购价政策工作的重要前提。系统梳理后，本研究将从短期和长期视角，对最低收购价政策的定价效应进行客观评价，试图回答上述问题。

8.1.1 短期视角下价格支持政策的定价效应评价

最低收购价政策经历过两次提价过程，两次提价的契机分别是 2008 年全球粮食危机和 2019 年底新冠疫情全球蔓延，这是 21 世纪以来的两次全球性的粮食危机。下面将对这两次提价政策的效应进行评价：

8.1.1.1 2007—2008 年世界粮食危机

2007—2008 年国际金融危机肆虐全球时，大量发展中国家受到全球粮食危机的严重影响。根据联合国粮食及农业组织（简称粮农组织）的数据显示，2007 年食品价格上涨之前，全球饥饿或营养不良人口约为 8.5 亿人，而在 2007 年，这一数字激增了 7 500 万，达到 9.25 亿人。2008 年，谷物价格指数达到峰值，是 2000 年的 2.8 倍。世界银行的数据显示，2005—2008 年粮食价格上涨了 83%，严重威胁了中低收入人口的生存。

受粮食价格飙升影响较大的主要是发展中国家，部分国家甚至出现了社会紧张局势，如海地、埃及、印度尼西亚和津巴布韦等国发生了严重的骚乱。

2008 年世界粮食危机之后，国际粮食价格并未回归至危机前的水平。2010 年，新一轮的国际粮食危机爆发，国际粮价再次攀升。根据联合国粮农组织的食品价格指数，2011 年该指数达到了 131.9，较 2010 年增长了 23.6％，比 2008 年创下的历史高点 117.5 还高出 12.3％。此次粮食危机首当其冲受到影响的依然是发展中国家，尤其是低收入国家的困难群体，需要国际粮食援助的贫困人口有所增加。发达国家的中低收入家庭也受到影响，被迫减少多样化和营养丰富的食物消费。本轮粮食危机同样引发局部地区的社会动荡。

自 2006 年下半年以来，中国同全球其他国家一样，出现了粮食等食物价格持续上涨的现象，但除大豆外，大米、小麦、玉米价格的增长幅度显著低于国际价格（图 8.1）。已有研究表明，政府对粮价的控制政策在稳定国内粮食价格方面发挥了重要作用，使国内大米、小麦和玉米等粮食价格下降了 20％～30％（黄季焜等，2009）。政府通过供给侧干预的方式实现控制国内农产品价格大幅上涨的目的，主要包括以下两个方面：首先，政府通过储备的"吞吐机制"抛售国有粮库的粮食储备，增加市场粮食供给，进而达到抑制国内粮食价格上涨的目的。在 2000 年组建中储粮至今 20 余年的历史中，调动中央储备粮的情况并不多见，其中就包括应对 2008 年前后的全球性粮食危机。为此，中储粮按照国际调控要求加大向市场抛售储备粮力度，保障市场充足供应，稳定粮油市场运行。例如，2007 年下半年，中储粮向市场投放了 500 多万吨中央储备稻谷、玉米及食用油；2009 年，向市场投放了 250 万吨中央储备粳稻；2010 年 6 月至 2022 年 8 月，累计向市场投放了中央储备玉米 1 370 万吨。其次，政府通过增加农业生产补贴的方式来稳定国内粮食生产。一方面，增加粮食直补和农业综合补贴；另一方面，不断加大粮食价格支持力度。粮食生产资料费用和收购价格的补贴极大地稳定了农户种粮积极性。2008—2011 年的国际粮食危机期间，稻谷和玉米的最低收购价格持续上涨，我国粮食播种面积和粮食总产量随之由 1.07 亿公顷、53 434 万吨上涨至 1.13 亿公顷、58 849 万吨，实现了 20 世纪以来的最高涨幅。在多种措施的共同作用下，短期内国内粮食价格得到了有效控制，粮食生产消费有序运转。

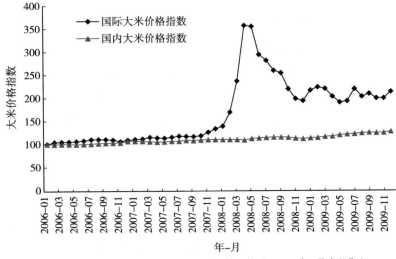

（a）大米国际和国内价格变动趋势比较（以2006年1月为基期）

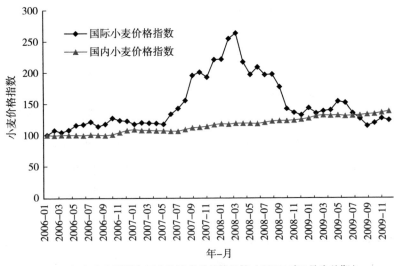

（b）小麦国际和国内价格变动趋势比较（以2006年1月为基期）

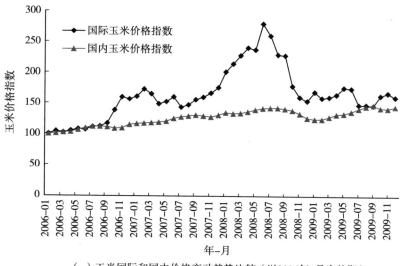

（c）玉米国际和国内价格变动趋势比较（以2006年1月为基期）

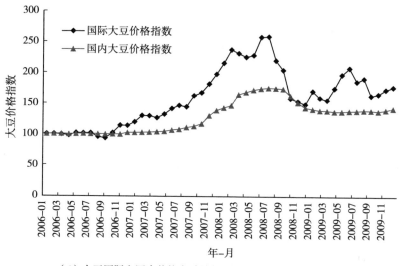

（d）大豆国际和国内价格变动趋势比较（以2006年1月为基期）

图8.1　国际和国内粮食价格变动趋势比较

8.1.1.2　2020—2022年新冠疫情暴发

　　2020年，新冠疫情在全球蔓延，多国出台禁令限制粮食出口，国际粮食供应链受到冲击，加之部分国家受蝗灾影响导致粮食减产，国际粮食价格呈现大幅波动，全球粮食市场表现出较大的不确定性。国内农产品供需从供应相对充足转向供不应求（李先德等，2009）。在此特殊形势下，部分学者提出，价格政策依然是引导产业发展最直接且见效最快的手段，建议不断提升小麦、水稻最低收购价格，增加种粮收益，传达市场信息，提高粮食生产经营者的积极性（张红宇，2021）。尽管粮食价格支持政策已经迈入实质性市场化阶段（王士春等，2019），但这并不意味着政策价格只降不升，关键在于避免政策再次呈现路径依赖特征。尤其是在新冠疫情影响下，保障粮食安全压力增大，必要时可通过上调和启动价格政策稳定市场，并把握好调整幅度和启动时机。此后，国家继续在稻谷和小麦主产区实行最低收购价政策，并逐步上调最低收购价格。2023、2024 年中央 1 号文件再次明确提出提高最低收购价格，以保障粮食市场供应。

（1）疫情冲击下粮食市场价格波动情况

从国际市场看，受新冠疫情影响，全球粮食供应链将受到较大冲击，国际粮食价格波动加剧。一方面全球粮食贸易受阻。疫情蔓延后，各国开始采取封锁、隔离等措施来防控疫情，物流运输通道不可避免地受到巨大影响。以承担全球贸易最主要运输方式的海运为例，2020 年 2 月，波罗的海干散货运价指数 BDI 跌至 500 点以下，与 2019 年高点相比下降 78%。运输通道不畅必然影响全球粮食贸易。另一方面，各国禁止粮食出口。受疫情影响，粮食贸易出现"逆全球化"趋势，各国纷纷发布措施限制本国粮食出口，并逐渐加大粮食进口规模，囤粮以备不时之需。2020 年 3 月 24 日，印度宣布实行 21 天封锁，致使 4 月份上市新稻直接面临无法运出印度的困境。泰国宣布自 2020 年 3 月 26 日起实施紧急措施，关闭所有边境口岸，大米出口受到严重冲击。随后越南也暂停签署大米出口合同。截至 2020 年 9 月，共有 101 个国家（地区）采取了 199 条包括进出口限制在内的贸易管制措施。随着限制粮食出口国家数量不断增加，严重干扰到整个粮食供应链。国际粮食市场的恐慌效应容易导致国际粮食价格飙升。从图 8.2 可以看到，国际大米现货价格和国际小麦现货价格在 2015—2019 年期间较为平稳，2020—2022 年期间出现了先上涨后下降的趋势，且涨跌幅度较大。

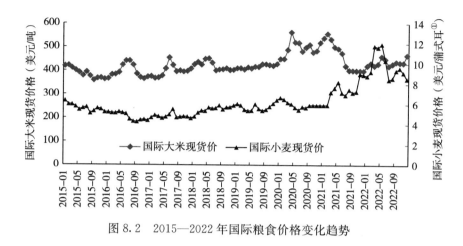

图 8.2　2015—2022 年国际粮食价格变化趋势

从国内市场看，受新冠疫情影响，粮食生产受阻，国内粮食供应链受到较大冲击。一方面，国内粮食生产受阻。2020 年 2 月是疫情防控的关键时期，此时正值广东、广西等华南地区早稻开始播种育秧，早稻直播插秧时间有所推迟对产量造成一定影响。另一方面，国内粮食供应链受到冲击。从图 8.3 可以看出，2020—2022 年，国内稻谷和小麦的生产价格指数上涨较为明显，其中稻谷的上涨幅度更大，出现急剧上涨态势，而小麦的价格走势是扭跌转涨，且涨幅较小。农产品集贸市场大米和小麦价格指数在 2019 年 12 月前后发生了较大变化，相对而言，小麦的前后变化幅度更大更明显。

（2）最低收购价格调整的稳定效应

从上述分析可知，新冠疫情对国际粮食市场和国内粮食市场均形成较大冲击，价格涨跌幅度明显变大。相对于国际粮食市场，国内粮食市场除了受到疫情的冲击外，最低收购价格的上调对粮食市场具有重要的引导作用，能够稳定市场价格预期（田清淼等，2022）。为此，进一步挖掘国际粮食市场和国内粮食价格波动率的变化趋势并进行比较，有助于在一定程度上说明最低收购价政策的实施对粮食价格波动的影响。本研究借鉴王学真等（2015）的做法，采用比例法测算粮食价格波动率，即

---

①　蒲式耳为非法定计量单位，1 蒲式耳＝35.239 升。

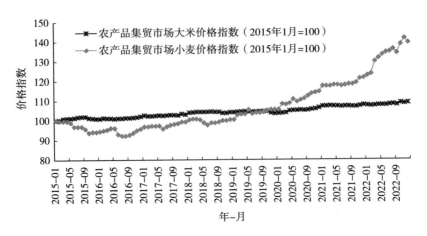

图 8.3　农产品集贸市场粮食价格指数变化趋势

$$fulctuate\_price_{it} = \ln(price_{it}/price_{it-1}) = \ln(PI_{it} \times 100)$$

其中，$fluctuate\_price$ 表示粮食价格波动率，$price_{it}$ 表示第 i 地区第 t 年的粮食价格，PI 为粮食价格指数（上月＝100，可比价）。根据测算结果，可得到图 8.4 和图 8.5 中国际和国内粮食价格波动变化趋势。

如图 8.4 所示，对比之下可以发现，一是国际大米价格波动比国内大米价格波动更加剧烈。二是新冠疫情暴发后，即 2020 年以后，国际大米价格波动比疫情暴发前，即 2020 年之前，更加剧烈，波动率的峰值和谷值均在 2020—2022 年期间，拉大了价格波动率的范围区间。三是国内大米价格比较稳定，波动幅度较小，且疫情前后未发生较明显的变化。

同样地，从图 8.5 中可以看到，国际小麦价格波动率与国内小麦价格波动率也表现出与大米市场相似的变化趋势。首先，受疫情影响，国内和国际小麦市场价格波动率均变得更加剧烈，从波动幅度上看，国际小麦价格波动更为明显。

综合上述分析可知，最低收购价政策调整在一定程度上发挥了稳定粮食市场价格波动的作用，有效维持了重大突发事件冲击下国内粮食市场的平稳发展，保护了生产者和消费者的切身利益。

不管是 2008 年国际粮食危机，还是 2020 年蔓延全球的新冠疫情，均

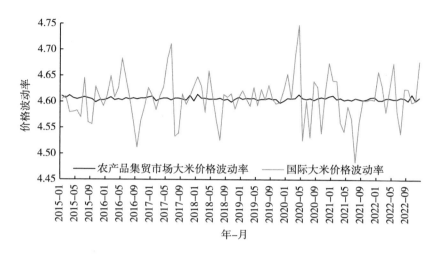

图 8.4　2015—2022 年国际国内大米价格波动率变化趋势

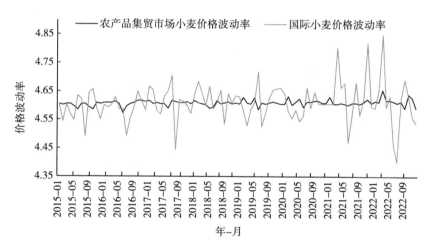

图 8.5　2015—2022 年国际国内小麦价格波动率变化趋势

对国内粮食市场、粮食安全产生了较大影响。在这种短期的不确定性冲击下，最低收购价政策有效发挥了引导预期、保证市场供应的政策效应，为我国粮食市场的有序运转和粮食安全保障提供了支撑。

8.1.2 长期视角下价格支持政策的定价效应评价

回顾最低收购价政策的执行情况，可以将其实施的 20 年分为提价阶段、稳价阶段和降价阶段，其中，提价阶段为 12 年，稳价阶段为 5 年，降价阶段为 3 年。从政策支持力度持续抬升的 12 年来看，主要分为 2007—2014 年和 2019—2024 年两个时期，这两个时期的区别在于支持力度的不同，前者的提价幅度要明显高于后者。以早籼稻为例，2007—2014 年最低收购价格上涨幅度为 92.86%，年均增长率为 9.83%，而 2019—2024 年最低收购价格上涨幅度为 5%，年均增长率仅为 0.98%。

本研究选取 2007—2014 年最低收购价格抬升时期作为考察政策长期影响效应的样本时间段。本轮政策支持力度加大的目的是稳定粮食市场，抵御国际粮食危机的影响。然而在国际粮食价格回归平稳后，国内价格支持政策并未及时退出，反而持续提价。根据本研究前面章节的分析，长期的价格干预将从 4 个方面影响粮食市场的供需机制和价格信号。首先，对种粮农户而言，政策价格的存在不仅消除其"卖粮难"的顾虑，较高的政策收购价格还发挥着稳定农户种粮收益预期的作用。此时，政策收购价格已经取代了粮食市场均衡价格，成为指导种粮农户进行粮食生产的主要信号，市场价格的指挥棒逐渐失效。其次，就生产要素市场而言，在"政策提价—农户扩种—粮食增产—市场粮价低迷—政策再提价"的恶性循环下，粮食生产的持续扩大必将引致对上游生产要素的需求增加。生产要素需求的增加带动着要素价格的上涨。表面上看，种粮农户因政策价格的长期启动和不断抬升而获益，实际上，忽略种粮成本谈收益并不合理。政策刺激下，农药、化肥、农膜甚至土地租金的上涨将极大地压缩农户种粮收入，可能形成增产不增收的现象。最后，高位运行且长期实施的政策价格已经异化为粮食市场的主导力量，弱化了期货市场的价格发现功能和国际市场的价格传递功能。期货市场的价格预期与政策价格形成的价格预期同时存在，当出现双重预期价格时，农户更倾向于选择学习成本更低、稳定性更强、更具公信力的政策价格作为生产决策的依据。

综上，当价格支持政策长期启动时，虽然能够获得稳定增长的粮食产量，但农户的收益将被上涨的生产要素价格挤压，增收效应不明显。同时，政策价格取代市场价格运行于市，期货价格和国际价格等市场力量对粮食价格的影响被弱化。在这种情况下，价格支持政策的负效应大于正效应，政策处于低效运行状态。据此可知，价格支持政策具有短期有效性，能够应对突发事件对粮食市场的冲击。然而，它需要及时退出，不宜长期启动，否则将扭曲市场价格，扰乱市场运行秩序，造成供需紊乱的怪圈。

8.2 价格支持政策的定价机制研究：基于国外经验

我国的粮食价格支持政策已经迈入实质性的市场化改革阶段，2014年改大豆临时收储政策为目标价格政策，2016年取消玉米临时收储政策，仅保留稻谷和小麦两大口粮品种的最低收购价政策。关于未来是否会进一步取消最低收购价政策，或者说我国是否能够完全放弃政府在粮食价格形成中的干预，这一问题值得深入讨论和研究。现阶段，我国最低收购价已经逐步下调，即使在新冠疫情期间，政策价格也仅小幅上涨以稳定市场预期。在全球政治经济格局发生重大变化的背景下，粮食安全面临着传统风险和新型风险相互叠加的威胁，国际粮食危机仍时隐时现。例如2022年俄乌冲突导致国际粮价大幅波动，同年巴基斯坦的洪涝及印度的干旱也使得国际大米价格大幅上涨。在此背景下，最低收购价政策依然是引导产业发展最快最直接的政策工具，能够在短期的不确定性冲击下发挥重要的托底作用。如果当前最低收购价不宜直接取消，那么问题就演变为如何完善我国最低收购价的定价机制，政府是否应当在粮食价格形成过程中发挥作用，及如何发挥作用。这些问题是当前价格支持政策改革领域的重点关注话题，值得进一步探讨。

自20世纪80年代以来，世界主要经济体一直在推进农业市场化改革，不断降低农产品市场的价格支持力度。然而，尽管如此，绝大多数国家仍未放弃农产品市场价格支持政策。1995年WTO成立后，最低支持价格政策被纳入"黄箱"支持措施中。为了避免市场扭曲并确保支持力度，美国、日本和欧盟等发达国家和经济体开始改进和完善最低支持价格政策，积累了丰富的改革经验。这些国家的定价依据对于完善中国的最低收购价格定价机制具有重要的参考意义。

印度最低支持价格政策。设立最低支持价格是印度食品管理制度的政策目标之一，目的是确保农户生产经营不亏损。在作物播种前，印度农业成本与价格委员会根据各种农作物的生产成本进行估算，并向政府给出建议价格，最终由中央政府确定农产品的最低支持价格。印度最低支持价格的计算主要考虑的因素包括生产成本、投入要素价格、剔除通货膨胀后的产品价格、市场价格趋势、供求关系、作物间比价、生活成本、国际价格及政府补贴的影响等。印度主要以成本为基础制定最低支持价格，而成本的核算体系包括农户的显性成本和隐性成本，显性成本包括投入的生产资料价值、雇工工资、机械费用、农具折旧、灌溉费用、土地租金等，而隐性成本主要是农户家庭投入的劳动力价值。根据该方案制定的政策价格一方面能够反映种粮农户的实际种粮成本，确保生产者不会因种粮遭受损失，另一方面可以反映出市场上工资和生产要素价格的变化趋势。

日本价格支持政策。日本在农业流通领域采取了一系列调控农产品价格的措施，为农产品价格管理和调节提供标准依据和行动准则。在乌拉圭回合谈判后，为了应对WTO的农业规则和开放农产品市场的压力，日本政府对其农产品价格支持政策进行了调整，降低了政府对大米的价格支持力度，实行管理价格措施。在管理价格措施下，收购价格是依据生产成本和收入补偿的方法进行测算的。具体来说，当年的价格由前一年具备平均生产水平的农场的生产成本加上农户投入的劳动报酬计算得出，其中劳动报酬以城市工人的平均工资计算。与其他国家的成本核算体系的区别主要在于，日本的政策价格以非农部门的劳动工资为参考标准。

欧盟共同农业政策。价格支持是欧盟共同农业政策的核心。1992年，共同农业政策改革全面开展，谷物支持价格大幅降低，农业价格支持转为对农户的直接收入支持。2000年之后，共同农业政策改革继续降低农产品支持价格。政策支持农户的方式由价格支持转为直接补贴，减少对生产和市场的扭曲，主要目标是使欧盟农产品市场和国际市场逐步接轨。直接补贴的依据是设定一个动态调整的参照基期，以基期单产水平、基期种植面积及一定时期的平均价格为变量，计算出农户的平均收益，作为一种预期收益，并根据现实收益与预期收益的差额进行补贴。这样能够在保障农户收益的同时规避对市场价格的过度扭曲。

从世界主要实施过价格支持政策的国家的演变历程和改革趋势可以看出，价格支持政策的制定大多以生产成本为基础和依据，目的是保障农户的收益，稳定种粮农户的积极性。然而，粮食生产成本和粮食市场均衡价格不存在绝对的产业链正向传导关系，即以生产成本为基础制定的最低收购价格未必低于市场出清时的均衡价格。如果生产成本持续抬升，在此基础上制定的政策价格必将陷入棘轮效应，扭曲粮食市场价格信号。因此，建议在当前价格支持政策向生产者补贴政策的过渡阶段，选择与生产脱钩或半脱钩的方式进行定价，减少对生产的直接干预，仅保留其短期应急状态下托底的政策功能。

研究结论与政策建议

在新形势下，充分认识我国粮食价格形成机制对于保障粮食市场安全至关重要。近年来，在价格支持政策的保护和干预下，粮食市场既有力地保障了我国主要粮食品种的供给安全，但也引发了一系列市场矛盾。究其原因，主要是政策定价干扰了粮食市场价格的形成，导致市场难以发挥其资源配置的优势。在此背景下，探索价格支持政策对粮食市场价格形成机制的影响，具有重要的现实意义。本研究首先对粮食价格形成机制进行了分析，认为粮食市场价格是以生产成本为基础，受供求关系影响，并在期货市场引导、国际价格传递等四个方面共同作用下形成的。接下来分别从这四方面入手，探索价格政策干预对此的影响路径，从而说明了政策调控如何打破粮食市场价格形成机制。本章是对全文主要研究结论的归纳和总结，并在此基础上有针对性地提出完善粮食价格形成机制的相关政策建议，以及有待进一步研究的问题。

9.1 研究结论

基于国内外现有文献的研究成果，本研究以价格预期、市场均衡、蛛网模型等理论为依据，以价值规律、供求规律为基础，构建政策调控背景下粮食价格形成机制的分析框架，并对此进行实证层面的检验。相较于已有研究，本研究更系统、更全面地考察了政策干扰对粮食价格形成的影响路径与作用机制，具体研究结论如下：

第一，粮食价格支持政策通过影响种粮农户生产决策干预市场均衡价格，使其长期维持在政策收购价格水平。首先，通过构建农户供给反应模型进行理论和实证层面的探索，发现当不存在政策价格预期时，农户生产行为以上一期市场收购价格为依据；当回归模型引入政策收购价格后，农户供给行为主要受政策价格引导。进一步，分析政策调控下的粮食价格影响路径，得知价格支持政策对粮食市场均衡价格的影响主要表现为：一方面通过价格预期刺激农户生产，使得实际均衡价格低迷；另一方面通过政府购买过剩粮食增加市场需求的方式拉升市场均衡价格。供给和需求两方面的作用使得粮食市场均衡价格长期维持在政策价格水平，并形成"增产—市场价格低迷—政策启动入市收购—再增产—市场价格低迷—政策启动收购———……"的循环，这就是价格支持政策长期启动的内在逻辑。

第二，政策干预下，农业生产要素价格与粮食价格存在动态相依关系，价格支持力度升级期间将刺激要素需求扩张，单方向地拉升粮食生产成本，导致粮食价格呈现刚性上涨态势。粮食价格支持政策刺激下，种粮农户持续扩大政策支持品种的种植规模，形成对农业投入要素的扩张性需求，最终推高粮食生产边际成本。产业链下游生产成本的上涨，直接推升以"生产成本＋合理利润"定价的政策支持价格，造成政策价格的长期启动和持续走高，进一步，形成下游生产成本与上游市场价格直接正向传递和反向倒逼并存的双向影响，最终形成"粮食增产—种粮边际成本上升—政策价格（市场粮价）上涨—粮食再度增产—种粮边际成本再次上升—政策价格（市场粮价）新一轮上涨"的螺旋上升式循环。而在2008—2014年政策干预升级期间，仅存在粮食价格对生产要素价格的单向波动溢出效应，此时粮食价格脱离生产成本，仅受政策价格影响，并反向拉升粮食生产要素价格，导致粮食生产成本上涨。因此，价格支持政策的提升将使粮食价格脱离生产成本，并通过刺激要素需求的方式带动粮食生产成本上涨，最终导致粮食市场价格刚性上涨。

第三，政策干预品种的期现货价格之间存在双向波动溢出效应，但以现货价格对期货价格的引导作用为主，期货市场价格发现功能受阻。首先，通过政策干预力度较大的粮食品种（小麦和玉米）与市场化程度较高的粮食品种（大豆）之间的对比分析可知，三种粮食作物的期现货价格之间均存在双向波动溢出效应。但具体而言，小麦和玉米市场的现货价格对期货价格的引导作用更为显著，而大豆市场则表现为期货价格对现货价格的引导作用更强。由于政策收储价格的公布时间在粮食播种之前，种粮农户对政策依赖性较强，当市场同时出现期货价格预期和政策收购价格预期时，种粮农户将选择以政策价格作为行为决策的依据，而不会主动学习利用期货价格。因此，价格政策调控不仅会通过政策预期影响农户生产供给行为，还将阻碍期货价格预期作用的发挥，导致粮食价格市场化形成路径受阻。

第四，国际与国内粮食价格的传递存在门限效应和非对称性，二者联动效果因价格政策保护程度而异。首先，以国内外粮食价差衡量政策保护力度，然后检验政策保护力度对国内外粮食价格动态传递关系的影响。发现：政策保护处于低水平时，国际粮价波动与国内粮价波动之间几乎呈同比例变动，国内外市场融合，国际贸易发挥调剂国内粮食余缺的作用；而政策保护处于较高水平时，"洋粮入市，国粮入库"，相同规模的粮食进口将由储备体系吸收入库，国际粮食价格信息难以传递至国内粮食市场，国内价格波动背离国际价格波动趋势，国内外市场处于分割状态。实证检验结果也进一步验证了本研究的理论分析，尽管我国粮食市场对外开放程度逐步加深，但价格政策调控的存在依然阻碍国际粮食市场与国内粮食市场之间供求信息及价格信息的良性互动，破坏国内粮食市场价格形成机制。

第五，价格支持政策是短期政策，具有短期有效性，应当及时退出市场，长期启动将扭曲粮食市场价格形成机制。从政策实施的短期影响来看，价格支持政策能够通过稳定种粮农户的预期，进而有利于实现促进粮食市场平稳运行的目的。尤其是在面对2008年世界粮食危机和2020年新冠疫情暴发两次短期不确定性冲击时，价格支持政策的及时启动有效稳定了粮食生产，避免了国内粮食市场价格的大幅波动。然而，随着政策的长期启动和政策价格的高位运行，政策干预的诸多弊端开始显现。长期来看，政策性收购可以确保不发生"卖粮难"问题，但无法保证种粮农户获得高收益。政策价格将通过直接或间接的方式影响粮食市场价格形成，一方面，价格支持政策以价格预期的形式直接影响农户的生产决策，进而决定粮食市场供给。在政策支持力度升级阶段，刺激生产要素需求，带动要素价格上涨，最终导致粮食供给增加而市场价格却刚性上涨。另一方面，粮食播种之前公布的政策价格将阻碍期货价格预期发挥对现货市场的引导作用，而储备调节作为价格支持政策的配套措施，通过吸收粮食进口供给的方式，屏蔽国际粮食价格信息并阻碍其向国内粮食市场的传递，间接影响期货市场和国际市场两大主要市场力量对粮食市场价格的影响，打破粮食市场价格形成的主要路径。

9.2 政策建议

根据上述研究结论，本研究得出如下几点政策启示：

第一，应打破政策支持价格参照生产成本的动态调整机制，加强粮食生产成本即价格的监测。粮食价格支持水平的提高会刺激粮食生产成本增加，因此粮食政策价格的制定应打破"生产成本＋合理利润"的原则。粮食价格支持政策的目标是减少粮食市场价格波动，而非保障种粮农户收益，这容易导致政策价格和生产成本之间出现相互助推的作用。首先，应将种粮利润从政策价格中剥离，其次，不应再参考成本变化作动态调整。这样做有助于打破价格支持和生产成本之间相互助推的恶性循环，遏制农业生产成本的持续攀升。各地区应密切关注粮食生产成本的常规调查，密切关注和跟踪监测国内外市场、期现货市场、收购批发市场、生产要素市场的价格走势变化，并适时发布价格信息和成本收益信息，引导农户形成合理预期。

第二，应坚持粮食价格形成机制市场化改革方向，理顺国内外粮食比价关系。2019年中央1号文件提出加大农产品反走私综合治理力度，对于这一点最重要的是加快粮食价格市场化形成机制，关注国内外粮食市场整合程度。在粮食价格形成机制改革过程中，要厘清政府和市场各自不可替代的作用。对于政府而言，一方面，要相信市场力量在粮食过剩和相对短缺状况下具有相同效力的资源配置作用，改变过去粮食减产时诉诸行政手段，而粮食过剩则进行市场调节的低效率模式。补贴和保护不仅不能提高粮食生产力，还会导致其市场竞争力下降和财政资源错配。现阶段玉米临时收储政策改革成效显著，这对稻谷和小麦市场化改革意义重大。然而，直接取消最低收购价的风险难以估计，建议将国内外粮食价格差率作为价格调控的参照指标，逐步调低粮食价格支持水平。

第三，应加强粮食贸易边境措施和国内支持政策之间的衔接，建立全球视野的粮食安全战略。加入 WTO 后，国内粮食市场与国际粮食市场的关联性日益紧密。在边境措施保护效应有限的情况下，国内市场支持政策需要灵活应对国际环境的变化，及时调整，并与其他对外贸易措施形成合力，强化各类政策手段的组合应用，防止出现进口与库存同增的低效贸易现象。此外，国内价格支持政策的调整可将名义价格支持率作为重要参照指标，将其门限值作为参考依据。同时，应充分利用"两个市场""两种资源"，粮食适度进口既可以调节国内粮食市场余缺，也可缓解国内水土资源安全的压力，进而实现粮食产业的可持续发展。

第四，应重视期货市场的价格发现功能和信息传递功能，择机推广"保险＋期货"模式的粮食生产者补贴制度。农产品期货市场具有价格纠偏的自我收敛机制，且能够反映不同农产品市场变化的结构性特征，使生产主体、消费主体甚至政策制定主体均可以期货市场信息为参考作出相应的行为决策。因此，建议在发展和完善粮食期货市场的基础上，充分尊重市场定价机制，不再实行任何形式的政府定价。同时，科学总结部分地区试行的"保险＋期货"经验，稳步扩大"订单＋保险""期货＋保险"覆盖范围，积极探索建立农业保险与粮食期货的联动机制。引导有条件的农业产业化龙头企业积极稳妥地参与农产品期货市场，切实提高广大农户和各类新型农业经营主体的抗风险能力和市场竞争力。

第五，农业政策应由增产导向向提质导向转变，建立新型粮食安全观。重新定义粮食安全的内涵，自给率水平已经不足以全面认识和评估我国粮食安全形势。计划经济的特点是供给导向、封闭发展，因此计划经济时期的粮食安全观是突出生产、强调自给，与此相对应的就是轻视需求、忽视进口。市场经济的特点是需求导向、开放发展，因此在社会主义市场经济条件下，必须切实转变计划经济时期形成的传统粮食安全观，构建以需求为导向、国内外粮食市场一体化的新型国家粮食安全观。树立以需求为导向的粮食安全观意味着要在质和量两方面同时满足全社会对粮食日益增长的美好生活需要。从长远来看，国家粮食安全保障施策导向要由只注重粮食生产供给侧向更加关注脆弱群体和特殊群体等需求侧，同时兼顾供给侧转变。

第六，应明确政府在粮食价格形成过程中的定位与职能。改革开放以来我国粮食收储政策的调整及其结果来看，根据自由竞争市场自发调节理论，如果政府对粮食市场价格没有影响力，极有可能出现国内粮食生产能力被破坏和粮食市场过度波动等问题。因此，在"口粮绝对安全，谷物基本自给"的原则下，政府短时间内无法完全废止现有政策性收储制度，以及完全放弃其在价格形成中的作用，这就要求对政府在价格形成中的定位进行深入探讨，也是学术界争论不休的热点话题。从长远来看，政府的粮食调控目标应该是避免粮食价格大幅波动，增强其对价格的影响力，而不是一味地维持高价格支持水平，并且不应赋予其增产和增收的双重目标。种粮农户收益应由价格支持转向依靠农业生产提质增效及直接补贴两个路径提供保障，依靠粮食价格保障农户增收既不现实，其长期后果也可能有害。粮食增产应从价格激励向农业生产效率提升和可持续发展角度转变，政府的职能应该是改善农业生产环境，如粮食生产技术进步、水利基础设施改善、土壤改良和农业资源优化利用等方面。

9.3 进一步研究方向

根据粮食市场的实际发展情况和发展趋势，本研究可能存在以下四点不足，有待进一步研究拓展：

第一，本研究在研究价格政策干预对期现货价格引导关系的影响时，借鉴现有研究的做法，使用价格溢出效应作为判断依据。尽管实证检验结论与假说相符，但未就政策实施对期现货价格传导的影响进行直接因果关系研究，缺乏严谨性。为使本研究更具说服力，今后的研究中，仍需对这一研究方法进行深入的探索与改进。

第二，本研究是基于粮食市场供求决定价格的理论对粮食价格形成进行相关分析，实际上，随着金融主导经济运行和发展模型的盛行，粮食市场价格形成机制也随之更加复杂化和多元化。除了实际供求主体对粮食价格形成水平的影响外，还出现对冲基金等金融力量的参与，而这正是本研究未考虑到的。基于此，本研究将以金融化因素为对象，深入剖析其对粮食市场价格的影响及潜在的风险，为价格形成机制改革提供相关建议。

第三，粮食市场价格形成机制错综复杂，本研究下一步将聚焦于多重因素冲击背景下粮食市场均衡价格决定的研究，综合考量市场因素和政策力量对粮食市场均衡价格的影响，厘清市场力量和政策影响对粮食价格形成的实际效应，进而更好地完善我国粮食价格形成机制。

第四，粮食生产兼具自然风险和市场风险，因此，在降低政策干预力度的同时需辅之以相关措施帮助农户规避市场风险。根据发达国家的经验探索，农业保险逐渐成为政府支农的主要方式。这一措施既能有效降低粮食价格扭曲程度，也能切实起到分散风险的作用，并且属于 WTO"绿箱"政策。基于此，我国农业"保险＋期货"政策大力推进的效果及发展经验也需要进一步的总结。本研究下一阶段将重点研究期货市场与农业保险的引入对粮食价格形成的影响及其政策实施效果。

参 考 文 献

阿尔弗雷德·马歇尔. 经济学原理 [M]. 北京：华夏出版社，2005：1-200.

曹宝明. 中国粮食流通市场化改革进程分析 [J]. 江苏社会科学，2001 (4)：23-30.

陈飞，范庆泉，高铁梅. 农业政策、粮食产量与粮食生产调整能力 [J]. 经济研究，2010，45 (11)：101-114，140.

陈卫洪，谢晓英. 气候灾害对粮食安全的影响机制研究 [J]. 农业经济问题，2013，34 (1)：12-19.

陈晓暾，祝福云，黄天柱. 我国粮食价格变动因素分析及其稳定机制的选择 [J]. 价格理论与实践，2013 (8)：44-45.

程国强. 坚持市场定价原则完善农产品价格形成机制 [J]. 上海农村经济，2014 (3)：47.

程国强. 我国粮价政策改革的逻辑与思路 [J]. 农业经济问题，2016，37 (2)：4-9.

程国强. 中国粮食调控：目标、机制与政策 [M]. 北京：中国发展出版社，2012.

程国强，朱满德. 中国粮食宏观调控的现实状态与政策框架 [J]. 改革，2013 (1)：18-34.

大卫·李嘉图. 政治经济学及赋税原理 [M]. 北京：光明日报出版社，2009：5-39.

丁声俊. 治理"稻强米弱"：根本途径是"两只手"最佳结合 [J]. 价格理论与实践，2014 (11)：13-16.

丁守海. 国际粮价波动对我国粮价的影响分析 [J]. 经济科学，2009 (2)：60-71.

董秀良，帅雯君，赵智丽. 石油价格变动对我国粮食价格影响的实证研究 [J]. 中国软科学，2014 (10)：129-143.

董振国，苏万明，王军伟. 中国农业进入高成本时代 [J]. 北京农业，2011 (2)：36-37.

杜海鹏，程安. 期现货价格引导关系研究 [J]. 中国证券期货，2019 (1)：35-40.

范成方. 中国粮食价格波动内在机理研究——基于供给侧改革背景下的分析 [J]. 价格理论与实践，2019 (4)：71-74.

高帆. 中国农业弱质性的依据、内涵和改变途径 [J]. 云南社会科学，2006 (3)：49-53.

高帆，龚芳. 国际粮食价格是如何影响中国粮食价格的 [J]. 财贸经济，2012 (11)．

高群，曾明 . 全球化与能源化双重视角下的国内粮食安全研究 ［J］. 江西社会科学，
　　2018，38（11）：68－77.

龚梦，祁春节 . 我国经济林产品市场整合程度研究——以柑橘水果为例 ［J］. 华中农业大
　　学学报（社会科学版），2013（3）：77－82.

郭其友，万大艳 . 基于 VAR 模型下粮食价格、农业生产成本与农户收入的实证研究
　　［J］. 财经理论与实践，2013，34（6）：87－91，125.

韩磊 . 国际粮食价格对中国粮食价格的非对称传导——基于门限自回归模型的研究 ［J］.
　　当代经济科学，2018，40（2）：78－84，127.

何蒲明，黎东升 . 基于粮食安全的粮食产量和价格波动实证研究 ［J］. 农业技术经济，
　　2009（2）：85－92.

何蒲明，黎东升，王雅鹏 . 粮食产量与价格波动的相互关系研究 ［J］. 经济经纬，2010
　　（1）：115－118.

贺伟 . 我国粮食最低收购价政策的现状、问题及完善对策 ［J］. 宏观经济研究，2010
　　（10）：32－36，43.

洪岚 . 粮食供应链整合的量化分析——以北京地区粮食供应链上价格联动为例 ［J］. 中国
　　农村经济，2009（10）：58－66，85.

胡瑞涛，徐天祥 . 大宗农产品供求关系及价格形成机制的研究 ［J］. 学理论，2012（5）：
　　88－89.

华仁海，刘庆富 . 股指期货与股指现货市场间的价格发现能力探究 ［J］. 数量经济技术经
　　济研究，2010，27（10）：90－100.

华仁海 . 现货价格和期货价格之间的动态关系：基于上海期货交易所的经验研究 ［J］. 世
　　界经济，2005（8）：34－41.

华奕州，黄季焜 . 粮食收购双轨制改革与粮食生产：以小麦为例 ［J］. 农业经济问题，
　　2017，38（11）：59－66.

黄季焜 . 农业供给侧结构性改革的关键问题：政府职能和市场作用 ［J］. 中国农村经济，
　　2018（2）：2－14.

黄季焜，刘宇，WillMartin，Scott Rozelle，杨军 . 从农业政策干预程度看中国农产品市
　　场与全球市场的整合 ［J］. 世界经济，2008（4）：3－10.

黄季焜，杨军，仇焕广，徐志刚 . 本轮粮食价格的大起大落：主要原因及未来走势 ［J］.
　　管理世界，2009（1）：72－78.

黄建新，周启清 . 中美玉米期货市场对现货市场价格影响的实证分析 ［J］. 宏观经济研

究，2014（7）：136 - 143.

贾娟琪，李先德，王士海. 中国粮食价格支持政策对国内外粮食价格溢出效应的影响研究——基于 VEC - DCC - GARCH 模型的分析〔J〕. 华中农业大学学报（社会科学版），2016（6）：41 - 47，143.

贾娟琪，孙致陆，李先德. 粮食价格支持政策提高了我国粮食全要素生产率吗？——以小麦最低收购价政策为例〔J〕. 农村经济，2019（1）：67 - 72.

蒋和平. 粮食政策实施及其效应波及：2013—2017 年〔J〕. 改革，2018（2）：64 - 74.

姜太碧，郑景骥，杨武云. 论农业的弱质性〔J〕. 经济论坛，2002（23）：22 - 23.

卡尔·门格尔. 国民经济学原理〔M〕. 上海：上海人民出版社，2005.

里昂瓦尔拉斯. 纯粹政治经济学纲要〔M〕. 北京：商务印书馆，1987.

李成贵. 粮食直接补贴不能代替价格支持——欧盟、美国的经验及中国的选择〔J〕. 中国农村经济，2004（8）：54 - 57，72.

李晨曦，余晓洋，刘文明，朱思睿，刘帅. 基于 Nerlove 模型的玉米供给反应研究——以吉林省为例〔J〕. 中国农业资源与区划，2019，40（1）：97 - 102.

李谷成，郭伦，高雪. 劳动力成本上升对我国农产品国际竞争力的影响〔J〕. 湖南农业大学学报（社会科学版），2018，19（5）：1 - 10.

李光泗. 市场化条件下粮食价格形成机制及调控策略分析〔J〕. 粮食经济研究，2015，1（1）：18 - 27.

李光泗，曹宝明，马学琳. 中国粮食市场开放与国际粮食价格波动——基于粮食价格波动溢出效应的分析〔J〕. 中国农村经济，2015（8）：44 - 52，66.

李光泗，王莉，谢菁菁，钟钰. 进口快速增长背景下国内外粮食价格波动传递效应实证研究〔J〕. 农业经济问题，2018（2）：94 - 103.

李光泗，郑毓盛. 粮食价格调控、制度成本与社会福利变化——基于两种价格政策的分析〔J〕. 农业经济问题，2014，35（8）：6 - 15，110.

李经谋，杨光焰. 对市场放开后 我国粮食价格调控问题的反思〔J〕. 粮食问题研究，2008（2）：20 - 24.

李利英. 粮食经济问题〔M〕. 北京：中国农业出版社，2016.

李红霞，傅强，袁晨. 中国黄金期货与现货市场的相关性及其套期保值研究〔J〕. 财贸研究，2012，23（3）：85 - 92.

李淑静，崔凡. 我国农业扭曲状况分析——基于世界银行农业扭曲指数数据库的考察〔J〕. 经济评论，2013（6）.

李天忠, 丁涛. 我国农产品期货价格对现货价格先行性的实证研究 [J]. 金融理论与实践, 2006 (10): 16-19.

李先德, 王士海. 国际粮食市场波动对中国的影响及政策思考 [J]. 农业经济问题, 2009, 30 (9): 9-15, 110.

李雪, 韩一军, 付文阁. 最低收购价政策对小麦市场价格波动影响的实证分析 [J]. 华中农业大学学报 (社会科学版), 2018 (2): 1-7, 154.

李京栋, 李先德. 最低收购价政策调整对我国粮食安全的影响——以稻谷为例 [J]. 中国农业资源与区划, 2022, 43 (3): 46-57.

郦金梁, 雷曜, 李树憬. 市场深度、流动性和波动率——沪深 300 股票指数期货启动对现货市场的影响 [J]. 金融研究, 2012 (6): 124-138.

梁世夫, 王雅鹏. 我国粮食安全政策的变迁与路径选择 [J]. 农业现代化研究, 2008 (1): 1-5.

廖进球, 黄青青. 价格支持政策与粮食可持续发展能力: 基于玉米临时收储政策的自然实验 [J]. 改革, 2019 (4): 115-125.

刘飞. 股指期货与我国股市的波动性及其交易效率的实证检验 [J]. 统计与决策, 2013 (5): 162-165.

刘凤军, 刘勇. 期货价格与现货价格波动关系的实证研究——以农产品大豆为例 [J]. 财贸经济, 2006 (8): 77-81.

刘宏曼, 郭鉴硕. 基于 Nerlove 模型的我国大豆供给反应实证分析 [J]. 华中农业大学学报 (社会科学版), 2017 (6): 44-50, 149.

刘俊杰, 周应恒. 我国小麦供给反应研究——基于小麦主产省的实证 [J]. 农业技术经济, 2011 (12): 40-45.

刘克春. 粮食生产补贴政策对农户粮食种植决策行为的影响与作用机理分析——以江西省为例 [J]. 中国农村经济, 2010 (2): 12-21.

刘婷, 曹宝明, 李光泗. 粮食价格垂直传递与市场纵向整合 [J]. 农业技术经济, 2019 (2): 99-110.

刘毓海, 周海川. 粮食金融化对中国玉米价格的传导效应研究——基于 NARDL 模型 [J]. 世界农业, 2018 (12): 68-75.

刘耀彬, 钱文婧. 后疫情时代中国粮食价格支持政策的效果分析 [J]. 价格月刊, 2023 (6): 21-28.

柳苏芸, 韩一军, 包利民. 价格支持政策改革背景下国内外大豆市场动态关联分析——

基于贝叶斯 DCC‑GARCH 模型［J］. 农业技术经济，2016（8）：72‑84.

逯宇铎，王百超. 豆油与棕榈油期货价格动态关系研究［J］. 价格理论与实践，2010（8）：64‑65.

卢锋，谢亚. 我国粮食供求与价格走势（1980—2007）——粮价波动、宏观稳定及粮食安全问题探讨［J］. 管理世界，2008（3）：70‑80，187.

罗锋，牛宝俊. 国际农产品价格波动对国内农产品价格的传递效应——基于 VAR 模型的实证研究［J］. 国际贸易问题，2009（6）：16‑22.

马翠萍. 农产品入世"过渡期"结束后中国粮食贸易的演变［J］. 中国软科学，2017（9）：18‑29.

马克思. 资本论：第 1 卷［M］. 北京：人民出版社，2004.

马龙龙. 中国农户利用期货市场影响因素研究：理论、实证与政策［J］. 管理世界，2010（5）：1‑16.

马述忠，汪金剑，邵宪宝. 我国战略性农产品期货市场价格发现功能及效率研究——以大豆为例［J］. 农业经济问题，2011，32（10）：20‑28.

潘苏，熊启泉. 国际粮价对国内粮价传递效应研究——以大米、小麦和玉米为例［J］. 国际贸易问题，2011（10）：3‑13.

庞贞燕，刘磊. 期货市场能够稳定农产品价格波动吗——基于离散小波变换和 GARCH 模型的实证研究［J］. 金融研究，2013（11）：126‑139.

裴辉儒，孙晓亮，陈领. 中国农产品价格波动对 CPI 的影响分析［J］. 经济与管理，2011，25（11）：19‑22，32.

彭佳颖，谢锐，赖明勇. 国际粮食价格对中国粮食价格的非对称性影响研究［J］. 资源科学，2016，38（5）：847‑857.

彭小辉，史清华，朱喜. 中国粮食产量连续增长的源泉［J］. 农业经济问题，2018（1）：97‑109.

秦平山. 农资价格对粮食价格的影响机制研究［J］. 价格理论与实践，2017（10）：112‑114.

仇焕广，杨军，黄季焜. 生物燃料乙醇发展及其对近期粮食价格上涨的影响分析［J］. 农业经济问题，2009（1）：80‑85.

全世文，于晓华. 中国农业政策体系及其国际竞争力［J］. 改革，2016（11）.

石敏俊，王妍，朱杏珍. 能源价格波动与粮食价格波动对城乡经济关系的影响——基于城乡投入产出模型［J］. 中国农村经济，2009（5）：4‑13.

施勇杰. 新形势下我国粮食最低收购价政策探析［J］. 农业经济问题，2007（6）：76‑79.

司伟，王秀清．中国糖料的供给反应［J］．中国农村观察，2006（4）：2-11，55.

宋亮．市场结构、政策调整与小麦产业链福利变动［J］．商业研究，2018（7）：119-124.

宋亮，赵霞，缪书超．粮食价格支持政策促进还是抑制了土地流转？——基于CHIP微观
  数据的实证分析［J］．干旱区资源与环境，2019，33（8）：1-7.

谭砚文，杨重玉，陈丁薇，张培君．中国粮食市场调控政策的实施绩效与评价［J］．农业
  经济问题，2014，35（5）：87-98，112.

台德进，蔡荣．粮食主产区政策与农户收入不平等［J］．华南农业大学学报（社会科学
  版），2023，22（2）：26-37.

陶昌盛．中国粮食定价机制研究［D］．上海：复旦大学，2004.

田桂林．基层国有粮食企业常见舞弊形式及审计应对思考［J］．中国内部审计，2022
  （3）：81-83.

田清淞，喻妍，李崇光．最低收购价政策对我国稻谷市场价格预期的影响研究［J］．华中
  农业大学学报（社会科学版），2022（5）：114-122.

涂志勇，郭明．股指期货推出对现货市场价格影响的理论分析［J］．金融研究，2008
  （10）：104-116.

王学真，公茂刚，吴石磊．国际粮食价格波动影响因素分析［J］．中国农村经济，2015
  （11）：77-84.

王晨，王济民．预期利润、农业政策调整对中国农产品供给的影响［J］．中国农村经济，
  2018（6）：101-117.

王成军，吕骁泓，费喜敏，刘晓静．中国粳稻生产中技术进步研究——基于粳稻主产省
  面板数据的分析［J］．管理评论，2016，28（10）：79-88.

王德文，黄季焜．双轨制度下中国农户粮食供给反应分析［J］．经济研究，2001（12）：
  55-65，92.

王海修，杨玉民．粮食生产的弱质性和周期波动性分析与我国粮食生产稳定发展策略
  ［J］．粮食流通技术，2010（5）：7-12.

王力，孙鲁云．最低收购价政策能稳定粮食价格波动吗？［J］．农业技术经济，2019（2）：
  111-121.

王孝松，谢申祥．国际农产品价格如何影响了中国农产品价格？［J］．经济研究，2012
  （3）：141-153.

王秀东，刘斌，闫琰．基于ARCH模型的我国大豆期货价格波动分析［J］．农业技术经
  济，2013（12）：73-79.

王士春，肖小勇，李崇光．加快稻谷收购市场化改革的思考［J］．农业经济问题，2019
（7）：19-28．

威廉·斯坦利·杰文斯．政治经济学理论［M］．北京：商务印书馆，1983．

温丽．农村劳动力流动影响农产品价格的实证研究——基于VEC模型的方法［J］．安徽
农业科学，2010，38（33）：19148-19151．

吴海霞，葛岩，史恒通．玉米金融化、价格形成机制及政策选择［J］．管理评论，2018，
30（11）：35-45．

武舜臣，王金秋．粮食收储体制改革与"去库存"影响波及［J］．改革，2017（6）：86-94．

武舜臣，王静，胡舟．"谷贱"必然"伤农"吗？——一个理论判断及事实检验［J］．经
济问题探索，2016（2）：185-190．

肖国安．粮食直接补贴政策的经济学解析［J］．中国农村经济，2005（3）：12-17．

肖皓，刘姝，杨翠红．农产品价格上涨的供给因素分析：基于成本传导能力的视角［J］．
农业技术经济，2014（6）：80-91．

肖卫，肖琳子．二元经济中的农业技术进步、粮食增产与农户增收——来自2001—2010
年中国省级面板数据的经验证据［J］．中国农村经济，2013（6）：4-13，47．

肖小勇，李崇光，李剑．国际粮食价格对中国粮食价格的溢出效应分析［J］．中国农村经
济，2014（2）：42-55．

肖小勇，章胜勇．交易成本视角下国内外粮食市场整合研究［J］．财贸研究，2014，25
（6）：80-86．

星焱，胡小平．中国新一轮粮食增产的影响因素分析：2004～2011年［J］．中国农村经
济，2013（6）：14-26．

星焱，李雪．粮食生产价格的决定因素：市场粮价还是种粮成本利润［J］．当代经济科
学，2013，35（4）：112-123，128．

徐春春，纪龙，方福平．"稻强米弱"现象及其成因分析［J］．农业现代化研究，2016，
37（3）：483-488．

徐媛媛，王传美，李剑．能源市场与玉米市场间价格溢出机制研究——基于三元VEC-
BEKK-GARCH（1，1）模型［J］．中国农业大学学报，2018，23（5）：168-177．

徐振宇，李朝鲜，李陈华．中国粮食价格形成机制逆市场化的逻辑：观念的局限与体制
的制约［J］．北京工商大学学报（社会科学版），2016，31（4）：24-32．

徐志刚，章丹，钟龙汉．中国粮食市场竞争力：收储政策与工资上升影响比较［J］．农业
经济与管理，2018（3）：10-18．

亚当·斯密.国民财富的性质和原因的研究［M］.北京：新世界出版社，2007：23-42.

严敏.粮食价格形成和运行机制分析［J］.经济学家，1996（4）：101-109.

杨宝琴.关于完善我国粮食价格形成机制的研究［D］.武汉：武汉工业学院，2012.

杨惠珍，韦敬楠，张立中.我国粮食期货市场价格发现功能的实证分析——以玉米和小麦市场为例［J］.价格月刊，2017（5）：19-23.

杨阳，万迪昉.股指期货真的能稳定市场吗？［J］.金融研究，2010（12）：146-158.

杨义武，林万龙，张莉琴.农业技术进步、技术效率与粮食生产——来自中国省级面板数据的经验分析［J］.农业技术经济，2017（5）：46-56.

杨志海，王雨濛，张勇民.粮食价格与石油价格的短期动态关系与长期均衡——基于ARDL-ECM模型的实证研究［J］.农业技术经济，2012（10）：31-39.

仰炬，王新奎，耿洪洲.我国粮食市场政府管制有效性：基于小麦的实证研究［J］.经济研究，2008（8）：42-50，89.

叶兴庆.改粮食保护价收购为直接补贴农户——我国农业保护政策的重大调整［J］.中国农村经济，2002（7）：4-8.

叶兴庆.我国农业支持政策转型：从增产导向到竞争力导向［J］.改革，2017a（3）：19-34.

叶兴庆.日本大米支持政策的改革动向及启示［J］.农业经济问题，2017b，38（12）：93-98.

尹靖华.国际能源对粮食价格传导的生产成本渠道研究［J］.华南农业大学学报（社会科学版），2016，15（6）：70-82.

尹靖华，顾国达.我国粮食中长期供需趋势分析［J］.华南农业大学学报（社会科学版），2015，14（2）：76-83.

尤利群，范秀荣.粮食产业特征的经济学分析［J］.生产力研究，2009（22）：172-174.

喻闻，黄季焜.从大米市场整合程度看我国粮食市场改革［J］.经济研究，1998（3）：52-59.

查婷俊，徐建玲.大豆期货市场有效性的多维度分析［J］.华南农业大学学报（社会科学版），2016，15（3）：88-102.

詹琳，蒋和平.粮食目标价格制度改革的困局与突破［J］.农业经济问题，2015，36（2）：14-20，110.

张红宇.牢牢掌握粮食安全主动权［J］.农业经济问题，2021（1）：14-18.

张建杰.对粮食最低收购价政策效果的评价［J］.经济经纬，2013（5）：19-24.

张军伟.粮食安全政策的演变——基于市场与政府边界的视角［J］.粮食经济研究，2017，3（2）：1-16.

张明杨，陈超，谭涛，李寅秋.中国农户玉米播种面积决策的影响因素分析［J］.南京农业大学学报（社会科学版），2014，14（3）：37-43．

张书海，郭梦瑶．粮食生产弱质性及其经济效应［J］．经济经纬，2012（1）：103-107．

张爽．粮食最低收购价政策对主产区农户供给行为影响的实证研究［J］．经济评论，2013
（1）：130-136．

张有望，李剑．粮食期货与现货市场价格波动溢出效应［J］．华南农业大学学报（社会科
学版），2017，16（1）：104-111．

张泽丰．全球新冠肺炎疫情冲击下中国粮价政策和粮食安全研究［J］．价格月刊，2022
（7）：8-13．

赵霞，王舒娟，杨茜．市场结构、市场波动与价格传递——稻米市场波动关联效应研究
［J］．农业技术经济，2016（1）：98-107．

赵霞．"麦强粉弱"现象的深层次原因探析——麦粉市场价格波动的动态关联性研究
［J］．价格理论与实践，2014（8）：73-75．

郑燕，马骥．鸡蛋期现货市场溢出效应与动态关联研究［J］．中国农业大学学报，2018，
23（11）：222-231．

郑毓盛，曾澍基，陈文鸿．中国农业生产在双轨制下的价格反应［J］．经济研究，1993
（1）：16-25

钟甫宁．粮食储备和价格控制能否稳定粮食市场？——世界粮食危机的若干启示［J］．南
京农业大学学报（社会科学版），2011，11（2）：20-26．

钟钰，秦富．我国价格支持政策对粮食生产的影响研究［J］．当代经济科学，2012，34
（3）：119-123，128．

周蓓，齐中英．对我国农产品期货市场价格有效性的实证检验［J］．价格月刊，2007
（3）：7-9．

周章跃，万广华．论市场整合研究方法——兼评喻闻、黄季焜《从大米市场整合程度看
我国粮食市场改革》一文［J］．经济研究，1999（3）：75-81．

周洲，石奇．托市政策下我国粮食价格波动成因分析［J］．华南农业大学学报（社会科学
版），2018，17（1）：27-36．

朱海燕．中国小麦和棉花价格波动研究［D］．北京：中国农业大学，2015．

朱海燕，司伟．中国小麦价格波动影响因素分析［J］．农业技术经济，2015（5）：47-58．

朱振亚，王树进．"谷贱伤农"缓解现象及其缓冲机制研究［J］．西北农林科技大学学报
（社会科学版），2016，16（5）：119-128．

Alexander，C. Cointegration and market integration：An application to the Indonesian rice market [J]. Journal of Development Studies, 1994, 30 (2): 303 - 328.

Anderson, K., Kurzweil, M., Martin, W., Sandri, D. and Valenzuela, E. Measuring distortions to agricultural incentives, revisited [J]. World Trade Review, 2008, 7 (4): 675 - 704.

Huq. A. S. M. A., Arshad, F. M. Supply response of potato in Bangladesh: A vector error correction approach [J]. Journal of Applied Science, 2010, 10 (11): 2 - 4.

Apergis, N. and Rezitis, A. Agricultural price volatility spillover effects: the case of Greece, European review of agricuktural economics, 2003, 30 (3): 389 - 406.

Bakucs, L. Z. Wheat market integration between Hungary and Germany [J]. Applied Economics Letters, 2011, 19: 785 - 788.

Ball, V. E., Moss, C. B. and Erickson, K. W. Modeling supply response in a multiproduct framework revisited: The nexus of empirics and economics [R]. Paper Prepared for Presentation at the American Agricultural Economics Association Annual Meeting, Montreal, Canada, 2003: 27 - 30.

Berndt, E. K., Hall, B. H., Hall, R. E. and Hausman R. A. Estimation and inference in non - linear structural models [J]. Annals of Economic and Social Measurement, 1974, 3: 653 - 665.

Braulk, M. A note on the Nerlove model of agriculture supply response [J]. International Economic Review, 1982, 23 (2): 241 - 244.

Brenner, R. J. and Kroner, K. F. Arbitrage, cointegration, and testing the unbiasedness hypothesis in financial markets [J]. Journal of Financial and Quantitative Analysis, 1995, 30 (1): 23 - 42.

Cabrera, B. L. and Schulz, F. Volatility linkages between energy and agricultural commodity prices [R]. Humboldt University, Collaborative Research Center 649, 2013.

Caporale, G. M., Katsimi, M. and Pittis, N. Causality links between consumer and producer prices: some empirical evidence [J]. Southern Economic Journal, 2002, 68: 703 - 711.

Carlton, D. W. Futures markets: Their purpose, their history, their growth, their successes and failures [J]. Journal of Futures Markets, 1984, 4 (3): 237 - 271.

Chu, Q. C., Hsieh, W. L. G. and Tse, Y. Price discovery on the S&P 500 index markets: An analysis of spot index, index futures, and SPDRs [J]. International Review of

Financial Analysis, 1999, 8 (1): 21 - 34.

Colclough, W. G. , and Lange, M. D. Empirical evidence of causality from consumer to wholesale prices [J]. Journal of Econometrics, 1982, 19: 379 - 384.

Cornell, B. and French, K. R. Taxes and pricing of stock index futures [J]. The Journal of Finance, 1983, 38 (3): 675 - 694.

Cox, C. C. Futures trading and market information [J]. The Journal of Political Economy, 1976, 84 (6): 1215 - 1237.

Dijk, D. V. and Franse, P. H. Smooth transition autoregressive models: A survey of recent developments [J]. Econometrics Reviews, 2002, 21 (1): 1 - 47.

Du, X. and Yu, C. L. Hayes, D. J. Speculation and volatility spillovers in the US crude oil and agricultural commodity markets: A bayesian analysis [J]. Energy Economics, 2011, 33 (3): 497 - 503.

Engle, R. F. and Granger, C. W. Co - integration and error correction: Representation, estimation and testing [J]. Econometrica, 1987, 55 (2): 251 - 276.

Engle, R. F. and Kroner, K. F. Multivariate simultaneous generalized ARCH [J]. Econometric Theory, 1995, 11 (1): 122 - 150.

Faure, A. P. Fair value pricing of agricultural futures in South Afirica [J]. South African Journal of Economics, 2006, 74 (2): 261 - 265.

Frey, G. and Manera, M. Econometrics models of asymmetric price transmission [J]. Journal of Economic Surveys, 2007, 21 (2): 349 - 415.

Garbade, K. D. and Silber, W. L. Price movements and price discovery in futures and cash markets [J]. The Review of Economics and Statistics, 1983, 65 (2): 289 - 297.

Ghosh, M. Agricultural policy reforms and spatial integration of food grain markets in India [J]. Journal of Economic Development, 2011, 36 (2): 15 - 36.

Goychuk, K. and Meyers, W. H. Black sea and world wheat market price integration analysis [J]. Canadian Journal of Agricultural Economics, 2014, 62: 245 - 261.

Hernandez, M. A. , Ibarra, R. and Trupkin, D. R. How far do shocks move across borders? Examining volatility transmission in major agricultural futures markets [J]. European Reviews of Agricultural Economics, 2011, 41 (2): 301 - 325.

Holder, M. , Pace, R. D. and Tomas, M. J. Complements or substitutes? Equivalent futures contract markets - the case of corn and soybean futures on U. S. and Japanese exchanges [J]. Journal of Futures Markets, 2002, 22 (4): 355 - 370.

Huang, J., Rozelle, S. and Chang, M. Tracking distortions in agriculture: China and its accession to the World Trade Organization [J]. The World Bank Economic Review, 2004, 18 (1): 59 - 84.

Koutroumanidis, T. Zafeiriou, E. and Arabatzis, G. Asymmetry in price transmission between the producer and the consumer prices in the wood sector and the role of imports: The case of Greece [J]. Forest Policy and Economics, 2009, 11 (1): 56 - 64.

Malhotra, M. and Sharma, D. K. Volatility dynamics in oil and oilseeds spot and futures market in India [J]. Vikalpa, 2016, 41 (2).

Nelove, M. Adaptive expectation and cobweb phenomena [J]. Journal of Economics, 1958, 72 (2): 227 - 240.

Nelove, M. Estimates of the elasticities of supply of selected agricultural commodities [J]. Journal of Farm Economics, 1956, 38: 496 - 509.

Nerlove, M. and Bachman, K. L. The analysis of changes in agricultural supply: problems and approaches [J]. Journal of farm economics, 1960, 42 (3): 861 - 880.

Peck, A. E. Futures markets, supply response, and price stability [J]. The Quarterly Journal of Economics, 1976, 90 (3): 407 - 423.

Rahji, M., Ilemobayo, O. O. and Fakayode, S. B. Rice supply response in Nigeria: An application of the Nerlovian adjustment model [J]. Agricultural Journal, 2013 (3): 229 - 234.

Rezitis, A. N., Stavropoulos, K. S. Modeling beef supply response and price volatility under CAP reforms: The case of Greece [J]. Food Policy, 2010, 35 (2): 163 - 174.

Ross, S. A. Information and volatility: The no - arbitrage martingale approach to timing and resolution irrelevancy [J]. Journal of Finance, 1989, 44 (1): 1 - 17.

Rozelle, S., Park, A., Huang, J. and Jin, H. Bureaucrat to entrepreneur: The changing role of the state in China's grain economy [J]. Economic Development and Cultural Change, 2000, 48 (2): 227 - 252.

Santos, J. Did futures markets stabilize US grain prices？ [J] Journal of Agricultural Economics, 2002, 53 (1): 25 - 36.

Schwartz, T. V. and Szakmary, A. C. Price discovery in petroleum markets: Arbitrage, cointegration, and the time interval of analysis [J]. Journal of Futures Markets, 1994, 14: 147 - 167.

Serra, T., Zilerman, D. and Gil, J. M. Nonlinearities in the US Corn – ethanol – oil Price System [R]. American Agricultural Economics Association Annual Meeting, Orlando, Florida, 2008.

Shigeru, W. Efficiency of the Dojima rice futures market in Tokugawa – period Japan [J]. Journal of Banking & Finance, 2001, 25 (3): 535 – 554.

Silber, W. L. Innovation, competition, and new contract design in futures markets [J]. The Journal of Futures Markets, 1981, 1 (2): 123 – 155.

Sims, C. A. Macroeconomics and reality [J]. Econometrica, 1980, 48: 1 – 48.

So, R. and Tse, Y. Price discovery in the Hangseng Index Markets: Index, Futures, and the tracker Fund [J]. Journal of Futures Markets, 2004, 24 (9): 887 – 907.

Srinivasan, P. and Deo, M. The temporal lead lag and causality between spot and futures markets: evidence from multi commodity exchange of India [J]. International Review of Applied Financial Issues and Economics, 2009, 1 (1): 74 – 82.

Srinivasan, P. and Ibrahim, P. Price discovery and asymmetric volatility spillovers in Indian spot – futures gold markets [J]. International Journal of Economic Sciences & Applied Research, 2013, 5 (3): 65 – 80.

Stein, C. J. Information Externalities and welfare – reducing speculation [J]. The Journal of Political Economy, 1987, 95 (6): 1123 – 1145.

Stoll, H. R. and Whaley, R. E. The dynamics of stock index and stock index futures returns [J]. Journal of Financial & Quantitative Analysis, 1990, 25 (4): 441 – 468.

Teräsvirta, T. Specification, Estimation and Evolution of Smooth Transition Autoregressive Models [J]. Journal of the American Statistical Association, 1994, 89 (425): 208 – 218.

Trefler, D. The long and short of the Canada—U. S. free trade agreement [J]. American Economic Review, 2004, 94 (4): 870 – 895.

Trujillo, B. A., Mallory, M. and Garcia, P. Volatility spillovers in the US rrude oil, corn, and ethanol markets [R]. Proceedings of the NCCC – 134 Conference on Applied Commodity Price Analysis, Forecasting, and Market Risk Management. St. Louis, Mo, 2011.

Tse, Y. Price discovery and volatility spillovers in the DJIA index and futures markets [J]. Journal of Futures Market, 1999, 19: 911 – 930.

Tse, Y. K. Lead – lag relationship between spot index and futures price of the Nikkei stock average [J]. Journal of Forecasting, 1995, 14 (7): 553 – 563.

Turnovsky, S. J. The determination of spot and futures prices with storable commodity [J]. Econometrica, 1983, 51 (5): 1363 – 1387.

Yang, J. and Leatham, D. J. Price discovery in wheat futures markets [J]. Journal of Agricultural and Applied Economics, 1999, 31: 359 – 370.

Yse, T. and Booth, G. G. Information shares in international oil futures markets [J]. International Review of Economics and Finance, 1997, 6 (1): 49 – 56.

Zhong, M. and Parrat, A. F. Price discovery and volatility spillover in index future markets: some evidence from Mexico [J]. Journal of Banking and Finance, 2004, 28 (12): 3037 – 3054.